新　潮　文　庫

特定の人としかうまく付き合えないのは、結局、あなたの心が冷めているからだ

五百田達成
堀　田　秀　吾　著

新　潮　社　版

10490

はじめに

「うわっ、嫌なやつだなぁ」「話の通じない人だ」「何を考えてるかわからない」「自分から話しかけるのって苦手」「接し方がわからない」「本当にもう、どうしてコイツは……」日常の中で、そんな不満を感じたことはありませんか？

　最初の不満は小さなものなのに、気づくと関係がぎくしゃくしたり、疎遠になってしまったり。

　どうしてアイツとそりが合わないのか？

　なぜ、あの子は自分の言うことを聞いてくれないのか？

　好きで付き合った人と何でうまくいかなくなるのか？

　人間の悩みのほとんどは、「人」にまつわることですが、本書を読むと、人間関係をこんなふうに変えることができます。

　　・人の嫌なところが気にならなくなる
　　・誰とでも建設的な話し合いができる
　　・初対面の人とも緊張せずに話せる
　　・年齢の離れた人ともうまく付き合える
　　・優秀な部下が育つ
　　・子育てをより楽しみながら行える
　　・人間関係のしがらみに悩まされない……etc.

　会社の上司、部下、同僚、取引先、プライベートでは恋人、奥さんや旦那（だんな）さん、あるいは子どもや親類付き合い。はたまた、新しい友だちをつくるとき。

　うまくいかない要因は、相手や自分の性格だったり環境だったりいろいろあるのですが……。

　その根本的な原因は何かと言うと、性格や価値観などではなく、「結局、あなたの心が冷めているからだ」と、そんな意味をこの本のタイトルに込めています。

　じゃあ「心が冷めるって何？」という話で、「心が冷める」とは、簡単にまとめると

①人の話に興味がない
②人と積極的に関わろうとしない
③そのため、世界がどんどん狭まっていく

状態のことです。
「自分に都合のいい話しか聞かないので、考えが偏（かたよ）っていく」「外の世界に対して臆病（おくびょう）になっていく」「あらゆることを『めんどうくさい』で済ませてしまう」「部下や子どもを上手に育てられない」「身近な人を大切にすることができない」「周囲の人が自分から離れていく」……。

　そして、**「気づけば孤独になっている」**。

　心が冷めると、こうなってしまう可能性大です。

　たとえば、10代20代の人は若いので「それでいい」

と思うかもしれませんが、特定の人としか信頼関係を築けないというのは10年後20年後、仕事やプライベートに深刻な悪影響を及ぼします。

　これは30代40代の人も同じで、むしろ30代40代の場合は人生経験が豊富であるがゆえに、自分の心が冷めていることにすら気づけません。

　すると、部下には「もうやだ、この人……」と思われ、子どもには強烈な反抗を受け、パートナーとも冷めきった関係に。

　心が冷めていると、いつの間にか自分の身のまわりの人の心まで冷ましてしまうのです。

　そうならないよう、冷めてしまった、もしくは冷めかけている心を温め直そう。そして、人生を今の100倍楽しもう。

　これが、本書のメッセージです。

　人への接し方やものの見方、日々のアクションなど、**「誰でも必ずできる、しかし誰もができていないこと」**をコンセプトに、今日からすぐできるアクションを心理学や脳科学などのエッセンスを加えながら全47 Episodeで紹介していきます。

　各 Episode の終わりには「ここさめ（心が冷めている）度チェック」をつけてあるので、日々の行動を振り返ってみてください（そうすると、ここに当てはまらない行動ができるようになります！）。

　では、そんなことを言っている我々はいったい何者なんだ？　ということで、最後に少しだけ自己紹介をさせてください。

　僕、五百田達成（イオタ・タツナリ）は、「コミュニケーション心理」「社会変化と男女関係」「ＳＮＳと人づきあい」「ことばと伝え方」をテーマに執筆している作家・心理カウンセラーです。働く女性や学生などのキャリア・進路相談に乗ることも多い、40代男子です。

　そして私、堀田秀吾（ホッタ・シューゴ）は明治大学で言語学（言葉を使ったコミュニケーション）を専門に研究をしています。信条は「飲みの席には這ってでも行け！」で、熱血指導が売りの40代男子です。

　本書の中でおいおい紹介していきますが、僕（イオタ）も私（ホッタ）も、お互い異なるバックグラウンドで生きてきました。

　その意味では価値観も仕事のスタイルも違うのですが、この本には、今の世界に生き、これからの世界を支えることになる10代20代の人たちに伝えたいこと、また、若い人を育てることになる我々の同世代、30代40代の人たちに伝えたいことも同時に盛り込んだつもりです。

　ビジネス書としても、心理学の本としても、飲み会の小ネタとしても読める、とても贅沢で欲張りな本になっています。

　できれば、「人生なんてこんなもんだ」と冷めたこと

を言わず、互いが互いを認め合えるような社会になれば
……。

　そんな気持ちを込めつつ、この本が少しでもあなたの
人生に役立つものになればこれ以上の喜びはありません。

　どうぞ、最後までお楽しみください！

目次

第5章　打たれ強くなれ

特定の人としか
うまく付き合えないのは、
結局、あなたの心が
冷めているからだ

第1章
冷めた心に火を灯せ

Episode 01 なぜ、僕たちの心は 冷めてしまうのか？

人が人と距離を取ってしまう理由

あなたが人と接しているとき、心が冷めてしまう瞬間はいつでしょうか？

- ・「いい人だと思っていたのに違った」
- ・「期待していた成果を出してくれなかった」
- ・「何を考えているかわからないので怖い」
- ・「そもそも、外見からして自分とは住む世界が違う」

……そうしたことをきっかけに、「あの人は全然合わない」「苦手」「所詮、人間てのはこんなもんだよね」と言いながら、趣味や価値観が合う、年齢が近い、特定の"話が通じる人"とだけ人間関係をつくってしまう。

職場、趣味のグループ、大学の友人関係、ママ友達の付き合い、夫婦、嫁 姑 、その他いろいろな人間関係の中で、"合わない人とは関わらない"あるいは"「仕方ない」と割り切りつつも、しかし心のどこかで不満を溜めてしまう"……そんなことはないでしょうか？

なぜ、そうなってしまうのでしょうか？

詳しくは Episode 42 に出てきますが、「冷める」というのは、実は人間の防衛本能です。

　情報があふれている世界の中で、あらゆることに関わろうとすると頭も体もついていかなくなるので、人は必要最低限のコミュニケーションで生きていこうとします。

　たとえば、「エレベーターの中で乗り合わせた人と会話するのが苦手」「電車で席をゆずるのをためらってしまう」「新しいコミュニティーに入っていくのが億劫」という方も多いと思いますが、そうすることでムダな接触を避け、自分を守ろうとしているのです。

　ところが、この度が過ぎると"冷めた人間"になってしまいます。

『走れメロス』を覚えていますか？

　心理学の世界に「セルフ・ハンディキャッピング」という言葉があります。

　これは簡単に説明すると、「自分にわざとハンディキャップを課して、やらない理由、できない理由をつくりだしてしまうこと」です。

　たとえば、「私って人見知りだからさ」「あの人はどうせ言ってもわからないから」「それって面倒くさいよね」「価値観が違いすぎるんだよ」などと、人と付き合わなくてもいい理由をつくりだしてしまうのです。

　しかし、本当に無理なのでしょうか？

　人は価値観や住む世界が違うと、人見知りだと、本当にわかりあえないものなのでしょうか？「めんどう」で済ませてしまっていいのでしょうか？

16

　太宰 治の書いた『走れメロス』という作品がありま
す。

　小学校で読まされたという方も多いと思いますが、覚
えていますか？

　かいつまんで説明すると、人間不信で悪逆非道の王に
「激怒した」青年メロスが、王の暗殺を企むも、失敗。

　メロスは捕まってしまい、処刑されることが決まるの
ですが、「妹の結婚式に出るために3日だけ待ってくれ、
代わりに友人のセリヌンティウスを置いていく」と親友
のセリヌンティウスを身代わりにします。

　王は「ふふ、面白い……戻る気もないだろうに、愚か
な人間よ……」などと言いながらメロスを試すのでした。

　解放されたメロスは無事妹の結婚式に参加できたので
すが、その帰り道にさまざまなハプニングに遭います。

　そして、期限ギリギリでようやく到着……自ら処刑さ
れるためにボロボロになって戻ってきたメロスと、メロ
スの帰りを信じていたセリヌンティウスが抱擁を交わす。
2人の熱い友情が王の心を変える———という物語でし
た。

人の心は都合よくできている

　心が冷めているというのは、この『走れメロス』で言
うと王と同じです。

　王は「人間なんていうのは愚かで自分勝手なものだ」
と割り切っているのですが、そうは言いつつもどこかで

「実は違うんじゃないか」という期待もしている。

　しかし、それを認めてしまうと、これまでの自分の考え方や生き方を否定してしまうことになるので、絶対に認めることはできない……と、葛藤している状態です。

　人の心は「こうでなきゃいけない！」と心の中で思っていることと、目の前の出来事とが矛盾しないようにすると言われています。

　要するに「自分は正しい！」と自分の行動や考え方を正当化するために言い訳をしたり、口実を見つけたり、安心材料を見つけたりするのです。

　たとえば恋人のことを「あんたダマされてるよ」と友人に言われれば、「そんなことはない、彼は自分を大切にしてくれている」と愛されているという根拠を探します。

　自分が好きで買った商品の悪い評判を聞いたら、必死にいい評判を見つけて「やっぱり買ってよかった」と納得します。

　自分に自信のある人が就職活動の面接で落とされたら、「あの会社とは相性が悪い」「見る目がない」と思うでしょう。

　王も同じで「人間なんて自分勝手で愚かだ」と思っていたところに、メロスのような「友情に誓って僕は戻る」という青年が出てきてしまうと、「そんなわけがない。嘘に決まってる」と考えるのです。

人と関わらずには生きていることを実感できない

　しかし本来、人は人とのつながりを求めるようにできています。人が冗談を言いあったり話しあいができたりするのは、人間がそうしたレベルの高いコミュニケーションを通して脳を進化させてきたからです。

　たとえば、「おはようございます」と言ったときに「おはようございます」という言葉が返ってこなければ、どうでしょうか？　自分の存在が否定された気持ちになってしまうはずです。

　「おはよう」と言ったときに、「あっ、おはようございます」という反応が返ってくるから「自分って生きてるんだなぁ」と実感ができます。

　自分の言葉や行動に誰かが反応してくれる、自分の言いたいことが伝わる……などなど、人と関わったときにはじめて、人は自分の存在を実感するのです。

　人の脳は、そういうふうにできています。

　「自分は人を愛せない」「あの人は苦手」「人間ってこんなもんよね」というのは、ほとんどが自分自身の思い込みであり、勝手にセーブをかけていることが多いのです。

　自分の殻に閉じこもることなく、いろんな人と付き合っていくことで「人生って思いどおりにいかないんだなぁ」「自分って思い込みが激しいなぁ」「もっと人にやさしくしないとなぁ」と、考え方に幅が出てきます。

　心の冷えは病気ではありません。温め直しができるのです。

冷めているなら
温めたらいいじゃない

Check!
- [ ] 特定の人と接するのを避けてしまう
- [x] 心が冷めていることに気づいていない
- [ ] 冷めた心を放置していないか

Episode 02 サンデル教授と松岡修造では どちらが白熱しているか

静かに心の温度を高める

「心が冷めているなら温めればいい」というのは、「熱血キャラになりなさい」と言っているのではありません。

　大事なのは、狭い世界に自分を閉じ込めないことです。

　少し前、ハーバード大学のマイケル・サンデル教授の講義が話題になりました。講義の様子は「ハーバード白熱教室」としてアメリカや日本など世界中で放送されましたが、サンデル教授は熱血漢かと言えば、決してそんな感じはしません。

　むしろ、知的で冷静な印象です。

　　サンデル教授：「君、名前は？」
　　　　　　学生：「トムです」
　　サンデル教授：「よしトム、イチローの年俸はオバマ
　　　　　　　　　大統領の 42 倍だが、公正だと思うか
　　　　　　　　　い？」

　……というように、学生に質問をしながら、たとえ話を上手に使いながら、活発な議論が行われます。

　なぜ議論が活発になるかというと、それはひとえに「おもしろいから」です。

"おもしろい" にも「funny」と「interesting」とがありますが、**人は、興味関心があることに接すると心の温度が高まります。**興味があることに関しては「もっと知りたい」「自分の意見を言いたい」と感じるのです。

人のためを思った「熱さ」

　私（ホッタ）の個人的な話をすると、大学の学生たちとは人間として対等な付き合いをしたい、より強い人間関係をつくりたいという気持ちがあるので、学生たちには「秀吾」「シューさん」と下の名前で呼んでもらうようにしています。

　ただ、そのときにちょっと恥ずかしがっていたり、冷めている学生がいたとき、「おいおいおい、何で熱くならないんだよ、お前たち！」と、松岡修造さん的な熱弁をふるったりはしません。（それはそれでおもしろいとは思うのですが）あくまでも学生たちが自発的にそうしてくれるように、熱さとゆるさの緩急をつけるようにしています。

　松岡修造さんはどこからどう見ても熱い人ですが、彼があのキャラクターでファンを集めているのは、「人のためを思って指導している」というのが感覚としてわかるからです。

　サンデル教授も松岡さんも、キャラとしての熱さではなく、人やものごとに対する心の熱さが人を惹きつけているのです。

つまらない話に興味を持つ

　たとえば、相手が本当にくだらない、つまらない、興味のない話をしているとしましょう。

　これを「あぁくだらねぇ〜」と思いながら聞いていると、つい「あ〜はいはい」「うんうん」と聞いたような聞いてないようなあいづちをしてしまいます。

　が、そうではなく、「あぁ〜くだらねぇ〜……どうやったらこんな話ができるんだ？」「この人の人生に何があって、こんなおもしろくない話が出てくるんだ？」と、見方を変えてみると、その話に対する姿勢も変わります。「こうするとオチのない話になるのか」「そうか、奥さんに嫌われてて寂しいのか」「本当にまじめな人なんだ」……と、相手にはとても失礼な話なのですが、こうしてまずは関心を持つというのも心を温める１つの練習です。

　他にも、「自分の言うことをちゃんと聞いてほしい」のなら「どうしてわかってくれないの⁉　もう嫌い！さよなら！」と不満を口にして終わりにするのではなく、どうすれば聞いてもらえるかを考えてみる。

　本当に心の温度の高い人というのは、自分の都合を一方的に押しつけるのではなく、相手の立場に立ったものの見方や考え方、立ち居振る舞いのできる人なのです。それが、「気配り」や「想像力」につながってきます。

　表面的なキャラクターの問題ではありません。

相手への関心の深さ
それが心の熱さだ

Check!

- [ ] 興味のない話だと露骨に顔に出る
- [ ] 他人の考えていることに関心がない
- [ ] 熱さの意味をはき違えていないか

03 性格は変えられないが、行動は変えられる

成功率２％以下の「人を見る目」

こんな話があります。

人はものごとを判断するとき自分の記憶を材料にしますが、これが実はひどくいいかげんなのです。

たとえば、面接官が人を採用するときは60秒から90秒でだいたい決まってしまいます。面接に来た人の見た目や動作、ちょっとした受け答えなどから、「この人はあの人に似てるからきっといいやつだなぁ……」などと、自分の知っている誰かと重ね合わせてしまうのです。

つまり、自分と仲のいい人や好きな人に似ている人を自然と高評価してしまうのですが、これでいい人が採れる確率は２％以下だと言われています。

利害関係重視のビジネスの世界でさえそうなのですから、普段の人に対する見方はもっと偏っているでしょう。

たとえばパッと会って、「今までこんな人と会って嫌だったなー」という印象で苦手だと思ってしまう。

でも、実際に相手について何を知っているだろうかと書きだしてみると、実は何１つ知らない。それなのに、苦手と決めつけていることが多いのです。

「あいつはゆとりだから……」「テニサー上がりだから……」「男（女）なんて……」「理系はこれだから……」

なんていう言葉の奥には、“自分の知っている誰か”が
いるのです。

性格は環境で変わるものだが……

　では、どのようにすれば人に対する見方を克服できる
のでしょうか？　たとえば「皮肉っぽい」「引きこもり
がち」などの性格を変えてしまうのが方法の1つです。

　しかし、**人の内面や性格というのは環境によって変わ
ってくるものです**。自分がどんな境遇にいるのか、誰と
一緒に過ごしているかで少しずつ変わっていきます。

　以前、僕（イオタ）の知人がメンタルを崩して会社に
行けなくなってしまったことがありました。

　ところが、その人が実家を出て一人暮らしした途端、
心も体もすっかり元気になったのです。

　環境が変わったことでものごとに対する受け止め方が
変わり、結果的に性格も変わったのでした。

「じゃあ、性格を変えるためには環境を変えたらいい
の？」と、そんな乱暴な話ではありません。

　引っ越しや転職は簡単にできることではありませんし、
そもそも、それで性格がいい感じに変わるかというと、
そううまくはいかないものです。

勝手に「嫌なヤツ度」を高めない

　そこで、もっと簡単にできることで行動を変えましょ
う。

　たとえば、人生経験の少ない10代20代の人がヘタに斜に構えてしまうと成長が止まってしまいます。

　30代40代の人も同じで、何でも経験則を当てはめようとすると、まさに冒頭の面接のような失敗をするでしょう。

「うわぁ、使えないヤツ来た〜……はい、不採用」

「あらっ、私の苦手なタイプ……シャットアウトします」

　こうなってしまうのは、目の前にいるその人を見ていないからです。**目の前の人を見ているようで、実は記憶の中にいる誰かと重ねています。**

　昔出会った"アイツ"と重ねることで嫌悪感（けんおかん）が増し、"嫌なヤツ度"が高まっているのです。

「あっ、このパターンか……」と条件反射的に思ってしまいそうになったら、受け止め方を変えてみてください。

「この人を○○さんに当てはめようとしてるけど……いや、待てよ」と、ストップをかけてみるのです。

　相手のためにも、そして自分のためにも、人と接するときには、違うものを違うものだと認めて、そのうえでどうしたらうまく付き合えるか考えてみてください。

「偏見なしで人を見る」というのは、いわばスキルのようなものです。訓練（日々の意識）次第で誰でもできるようになることですから、心がけてみましょう。

友人と
人相が
似ている

採用　不採用

同じ行動を繰り返していれば 環境は変わるはずがない

Check!

☐ 「彼（彼女）は ～ だから」と言いがち
☑ 歳の離れた人との接し方がわからない
☐ 人の嫌なところが目につく

Episode 04 『クレヨンしんちゃん』と『ドラえもん』の劇場版に涙するわけ

「何だかいつもと違うゾ」

今や国民的アニメとなっている『クレヨンしんちゃん』を観たことがあるでしょうか？

野原一家の大黒柱、野原ひろしは35歳にして商社の係長。一戸建てのマイホームを持ち、子どもは2人。我々の世界で言えばエリートサラリーマンのはずなのですが、家庭ではそんな姿を少しも見せません。

しかし、そのひろしが、父親として、男としての顔を見せたことがあります。『オトナ帝国の逆襲』という映画の中の、こんなセリフです。

「オレの人生はつまらなくなんかない。家族のいる幸せをあんたたちにも分けてやりたいくらいだぜ」

いつもは見せないこの男らしい姿が大人たちの涙腺を刺激し、多くの人が涙したそうです。

同じようなことは『ドラえもん』にもあります。ドラえもんの声が大山のぶ代さんだった頃の話ですが、劇場版の作品でスネ夫がこんなことを言います。

**「のび太って映画になると
急にかっこいいこと言うんだから」**

のび太しかり、ジャイアンしかり、劇場版になるといつもの話では見せない男気をあらわし、仲間との友情を

大切にしようとする、その意外性が感動を生むのです。

　この話のように、「あれ、この人何だかいつもと違うぞ？」というときに生まれる心の働きが「ギャップ」です。

そもそも、ギャップとは何か？

　そもそもギャップというのは、いい意味でも悪い意味でも「他と比べて際立っている」という意味です。

　たとえば、前歯のない人がたくさん集まっている集会があるとしましょう。恐いお兄さんばかりの中に、「一人だけなぜか紛れている美女」がいたらどうでしょう？

　ものすごく気になると思います。（現実にそんなことはないと思いますが）これがギャップです。

　人間はギャップのあるものが気になってしまうのです。

　ギャップは恋愛の話などでもよく引きあいに出されますが、もちろんいいことばかりではありません。

　中には、「優しいと思っていたのに、暴力をふるわれた」というような"悪いギャップ"もあります。

「いつもは怖いのにたまに優しい」はいいギャップなのですが、「いつも優しかったのに……」というパターンでは悪いギャップになってしまうのです。

悪いギャップといいギャップ

　悪いギャップといいギャップ……その差がなぜ生まれるかというと、人は他人に対して「この人はこういう感

じなんだろう」という期待を持っているからです。

　期待をいい意味で裏切られればプラスのギャップ、悪い意味で裏切られると、マイナスのギャップになってしまいます。

　たとえば、家庭ではいつもは寡黙で厳しいお父さんが、実は会社では太鼓持ちキャラで下ネタも絶好調な人だったとしたら……相当嫌な気分になると思います。

　ですが、これも "ものの見方" の1つです。

　人間は他人に対してつい一貫性を求めてしまいます。

　しかし、「こうあるべきだ」という期待は本来かけすぎるべきではありません。

　悪いギャップに直面すると「うわっ……この人、実はこういう人なんだ……」と幻滅しがちなのですが、人間はそう単純なものではないのです。

　お父さんにもお父さんのサラリーマンとしての人生があり、家庭で見せるお父さんは一面でしかありません。

　たとえ悪いギャップに遭遇したとしても、一気に心を冷ましてしまうのではなく、「へぇ、こういう面もあるんだ」とおもしろがってみましょう。

　それが、心を温めるための1つの方法です。

This episode tells...

ギャップを楽しむこと
それは大人の所作

Check!

- ☐ 型にはめて人を判断しがち
- ☐ 人に一貫性を求めてしまう
- ☐ ギャップに引くことが多い

感情はコントロールできないが、言葉はコントロールできる

たかが言葉、されど言葉、やっぱり言葉

言葉と心にはとても大きな関係があります。

私（ホッタ）は言語学が専門ですが、言語学とは「言葉を使ったコミュニケーション」についての研究です。

"たかが言葉"ですが、言葉には実はいろんな力があります。

たとえば大学で学校ドラマの映像を学生たちに観てもらって、映像の中に登場する教頭先生に関してさりげなく「さっきのバーコード頭が……」などと言っておきます。

そのあと、「記憶をたよりに教頭の特徴を挙げてください」と言うと「バーコード頭」「ハゲ」といったキーワードが必ず出てきます。

ところが、映像に出ていた教頭先生の髪はふさふさしていて、どこもハゲていません。「さっきのバーコード頭」という言葉が1人歩きして、結果として映像を観ていたはずの学生たちの記憶を変えてしまったのです。

この例のように、言葉というのはその気になれば記憶のすり替えやマインドコントロールができてしまいます。

人の生活は言葉でできている

　では、なぜ言葉にそんな強い力があるかというと、言葉は人間の生活を支配しているからです。

　人間は考えるときに、必ず言葉を使います。

　たとえば、「あー疲れた」と言った途端にどっと体の疲れが出てきたということはないでしょうか？

　人は言葉を使ってものごとを考え、口に出すことで「そうか自分はこう考えていたのか」と自覚するようになります。

「疲れた」「しんどい」「もうやだ」と口にしていると本当に疲れてきますし、しんどくなってきますし、仕事も何もやりたくないと感じるようになり、結果として考え方自体がどんどんネガティブになっていきます。

　脳というのはそうした言葉からものごとを認識し、気持ちや体にまで影響を与えるのです。

　これは人を判断するときも同じです。

　たとえば記念日などでちょっといいレストランに連れていったとき、相手のコメントが「この肉マジパネェ！フツーにヤバいじゃん！」だとしたらどうでしょう？「フツーにまずい」と言われるよりは嬉しいかもしれませんが、「本当に味わかってんのかよ……軽いヤツだな」と言葉から相手の性格を評価してしまうと思います。

　つまり、日頃の言葉の使い方次第で自分の考え方も変わるし、周囲の見方も変わるということです。

たった2文字で変わる印象

「人への印象は言葉によって変わるか？」という実験があります。ある人物を紹介するとき、その紹介文を

   ① 「温かい、知的、勤勉、決断力がある」
   ② 「冷たい、知的、勤勉、決断力がある」

と2通りに分けて読みあげてみました。

実は、違うのは最初の「温かい」と「冷たい」という単語だけです。ところが結果は、前者は「いい印象」、後者は「悪い印象」になりました。

紹介文の単語1つでさえそうなるのですから、普段から「バカ」「死ね」などイメージのよくない言葉を使っていれば「この人は冷たい人間なんだろうな」と思われるでしょうし、反対に「ありがとう」と温かな言葉を使っていれば「この人はいい人だなぁ」と、周囲の受け止め方が180°変わってくるということです。

感情を無理矢理おさえつけてコントロールするのは難しいですが、そのときに「うわっコイツ嫌い」という言葉を使うか、「へぇ、こういう人もいるのね」という言葉を使えるか、それによって人間関係も大きく変わります。

「自分、何だか冷めてるなぁ……」と思うときは、使う言葉、頭にイメージする言葉から変えてみてください。

This episode tells...

きれいな言葉を吐けば
きれいな心になっていく

Check!

- ☐ 口ぐせがネガティブ
- ☐ 他人への評価が厳しい
- ☐ フツー、ヤバい、ビミョーを多用

Episode 06 僕たちが『ガンダム』『北斗の拳（けん）』『ワンピース』に熱狂したわけ

アニメや漫画をおもしろくするもの

『機動戦士ガンダム』『北斗の拳』『新世紀エヴァンゲリオン』『SLAM DUNK（スラムダンク）』『ONE PIECE（ワンピース）』……日本の漫画やアニメ文化は進化を続けています。

僕（イオタ）や私（ホッタ）の世代の男子であれば、『ガンダム』『北斗の拳』あたりにのめりこんだ人は多いですし、『ワンピース』に関して言えば、少年漫画でありながら小さい子どもから立派なおじさん方まで、幅広い支持を集めています。

こうした物語の何が人を熱くさせるのかというと、緻密（ち密）なキャラクターや世界観の設定もあるでしょうし、奇想天外、波瀾万丈（はらんばんじょう）なストーリーもあるでしょう。

しかし何よりも、キャラクター同士の「ライバル」「恋愛」「友情」「裏切り」といった関係、心のやりとり、これこそが作品の魅力を最大に引きたてる重要な要素になっています。

つまり、キャラとキャラの相関関係が物語に深みを与えているのです。

人類普遍の関心ごとは「人間ドラマ」

　たとえば『ワンピース』（集英社）が史上最高の盛り上がりを見せたのが、海軍に捕まった主人公ルフィの兄、エースを救出するために巻き起こった頂上戦争です。

　主人公以上に強く、また魅力のあるキャラクターたちが次々と登場し、白ひげ海賊団、海軍、七武海という三大勢力が一挙に集結する展開は、それまで作品から離れていたファンを呼び戻し、さらに新たなファンも生み出しました。

　『ワンピース』だけでなく、主人公以外のキャラクターにも熱狂的な支持が集まる作品には「いいもん」と「悪いもん」という簡単な構造では語れない魅力があります。

　たとえば、『ガンダム』ならシャア。『北斗の拳』ならラオウといった具合に、キャラクターそれぞれの個人の歴史があり、その中で生まれた価値観がぶつかりあい、愛する女性を奪いあい……というドロドロの戦いが繰り広げられます。

　そこに、おもしろさがあるのです。だから子どもだけでなく、大人がハマります。

　もちろんこれはアニメだけの話ではなく、ドラマだって映画だって演劇だって、基本的には同じことです。

　『タイタニック』なんて３時間の大作で、しかももう結末は明らかにも関わらず、「いったいジャックとローズはどうなるんだ!?」と目が離せなくなってしまいます。「この２人の関係はどうなってしまうのか？」「この人はなぜそんな行動をとったのか？」「過去にいったいど

んなことがあったんだ？」人と人とがつくりだすドラマとは、その背景がわかればわかるほど深みが出て、心が動かされるのです。

エンターテイメントで鍛える心

アメリカでは「読書療法」といって、心の病気（うつやノイローゼなど）を持っている人たちに対して読書をすることで心を治療するというプログラムがあります。

カーネギーメロン大学で行われた実験で、読書療法にどれだけ効果があるかが調べられました。

8歳から10歳の子どもに半年間で100時間の読書をしてもらい、その前後で脳に変化はあるのか？

結果としては、「白質」という情報処理を担当する部位がよく働くようになったそうです。

読書療法では実用書ではなく小説や伝記が主に使われるのですが、フィクションやエンターテイメント作品は心に油を差します。**自分1人では体験できないことを想像することで感情が鍛えられ、感情の機微がわかってくるようになります。**

では、どんな本を読めばいいのか、漫画では軽すぎないか？　などの論争もあるのですが（詳しくは Episode 46 に続く）、感受性、感情を鍛えるためにも、フィクションやエンターテイメント作品は大事なものです。心がすさんできたなぁというときは、映画館にでも、書店にでも足を運んでみて、物語に没頭してみてください。

感情のわからない人間はいない
問題は鍛え方だ

Check!

- ☐ 電車ではもっぱらスマートフォン
- ☐ 映画も本もまったく鑑賞しない
- ☐ 暇つぶしは2ちゃんねるのまとめサイト

Episode 07 阿吽の国、ニッポンでの生き方

「自分らしさ」はどこにある？

「アイデンティティー」という言葉があります。

簡単に言えば「自分らしさ」という意味ですが、人の心は「私はこういう人間だ」というアイデンティティーによって支えられています。

しかし厄介なのは、このアイデンティティーはときに人間関係をつくる邪魔をしてくるのです。

「自分はこういう人間だから」と決めつけるあまり、「だから自分はこのタイプの人とは付き合えない」と、「自分」という殻をつくり、人間関係を狭めてしまいます。

ところが本来、俺らしさ、私らしさなんていうのは、環境によって変わっていくものなのです。

たとえば潜水艦というのは、海中で自分の位置を把握するためにソナーを使います。

ソナーは周囲に音波を発信するのですが、発信された音波は岩などに当たって返ってきます。潜水艦はその反響で自分の位置を確認するのです。

人と人との関係も、この原理と同じです。

相手から言葉や行動を投げかけられたとき、それに反応してみる。自分が投げかけた言葉や行動に、相手がど

う反応するかを見てみる。そうして、自分はどんなふう
にして付き合っていこうかなと立ち位置ができていくの
です。

　対「家族」「友人」「おじさん（おばさん）」「若者」
「上司」「同僚」「部下」……すべてが完全に同じという
ことはありません。**自分というのは他人との位置づけの
中で決まるもので、「自分らしさ」なんてものは本当は
決まっていないし、どこにもないのです。**

日本人なら知っている暗黙のルール

　世界的に見ても、日本はそもそも他者との関わりが大
きい文化なので、特にこの傾向が強くなっています。

　たとえばあいさつがいい例で、「○○です。よろしく
お願いします」と、言っても一体何を「よろしく」され
ているのかわかりません。

　そんな背景から、日本は「高コンテクスト文化」だと
言われています。

　高コンテクストとは、「その社会だけで通じる常識や
共通認識のようなものが多い」ことで、つまり、「そん
なこと言わなくてもわかるでしょ？」という暗黙のルー
ルが欧米などに比べて非常に多いのです。

それでも僕たちは人と関わらないといけない

　一方、「低コンテクスト文化」の代表であるアメリカ
では、すべてを言葉にしないと伝わりません。

　たとえば人と話をしていて、「私は昨日」「私はさっき」と、日本語ではいちいち主語を出すと違和感がありますよね。

　ところが、英語では「I」から文章がはじまらないと不自然になります。

　話の流れ上、自分のことを話しているのは明らかなときでも、「私は」と必ず言うのです。

　また、たとえば川端康成の『雪国』の冒頭に**「国境の長いトンネルを抜けると雪国であった」**という一節があります。

　日本人であれば、「登場人物が走っている車内から窓の外の景色の移り変わりを見ている」という〝自分の目から見た情景〟が浮かんできます。

　ところが、この一文をアメリカ人が翻訳するとどうなるかと言うと、「The train……」が主語の文章になります。「電車がトンネルを抜けている」という俯瞰的なシーンに変わるのです。

　他人との関係で「自分」の立ち位置を決める日本と、何ごと（「自分」まで）も客観視して独立して捉える欧米の文化。

　どちらがいい悪いという優劣の問題ではなく、そういうお国柄だということです。1つだけ言えるのは、そんな阿吽の国ニッポンでよりよく生きていくためには、他者と関わりあうことが大前提だということ。決して避けては通れません。

　僕（イオタ）の友人の経営者いわく、「今日びの若者は付き合いづらい」のだそうです。

　"仕事の進捗を報告させてみれば結論のわからない話をダラダラするし、自分の話は喜んでするくせに人の話にはまったく関心がない"

　気の合う特定の仲間とは上手に付き合えるのですが、歳の離れた人とうまく付き合うための「自分」がないのです。

　ただし、そういう若者に遭遇したとき、たいていのおじさんも「まったくアイツらは……」と言うだけで、積極的に関わろうとしません。なぜそれではいけないのか、面と向きあって教えない。仕事が終わればおじさん同士で居酒屋に集まって同じような文句ばっかり言ってうさを晴らす。

　お互い、それでは距離が縮まるわけがないのです。

　そうではなく、年齢の離れた人、価値観の違う人、心の温度が違う人、いろんな人に合わせた「自分」を身につけていくことで人は生きやすくなっていきます。

　たとえば「結婚相手の家族とも会話に困らない」「初対面の人ともかみあった話ができる」「上司に気に入られる」「部下に慕われる」「誰とでもすぐ友達になってしまう」……など、そういうことができるようになるのです。こと日本の中においては、「自分らしさ」にこだわって生きるよりも、臨機応変な「自分」を身につけることが大切です。

アイデンティティーなんて邪魔なだけだ

Check!

- ☐ 人に迎合するのが嫌い
- ☐ でも本当は人とワイワイやるのは好き
- ☐ なのに素直になれない自分が嫌い

第2章
ゼロから信頼を築く

08 人間を4種類に分けてみる

集団意識と心の温度

　生まれが違えば文化も違う。人間とは千差万別ですが、一方で、ある程度の傾向を分けることもできます。

　就職活動や転職活動ではよく「自己分析」という言葉が出てきますが、ここではあなたがそもそもどんな人間であるのかをタイプ別に見てみましょう。

　自己分析にも「RIASEC」とか「HQ診断」とかいろんな方法があるのですが、この本ではそういうきちんとした分析法ではなく、「心の温度」と「集団意識」という軸で人のタイプを分けてみました。

　それが次ページの表で、タテとヨコにそれぞれ「心の温度」と「集団意識」という軸をつくっています。

　まずヨコ軸から見てみましょう。ヨコ軸は「集団意識」をあらわしています。

　これは左側に行くほど「仲間意識が強い」、右側に行くほど「個人の自由を好む」。「日本的（和）か」「欧米的（個）か」とも言い換えられます。

　続いてタテ軸は心の温度で、上に行くほど「温度が高い」、下に行くほど「温度が低い」ということになります。

　言い換えれば、「感情で動く人（エモーショナル）」か、

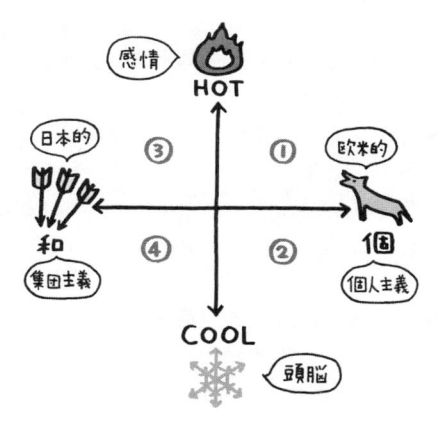

「頭で考えてから動く人（ロジカル）」か、ということです。

　わかりやすくするために、ここでは我々の独断と偏見により90年代の名作漫画『スラムダンク』（集英社）のキャラクターを拝借し、「このタイプの人はこんな感じ」と当てはめてみたいと思います。

　ちなみに、『スラムダンク』がわからない方のために、他の例も挙げてみました。

①の部屋…熱い個人主義（桜木タイプ）

　まずは右上の部屋ですが、ここは「熱血個人主義」です。『スラムダンク』で言えば、直情的で男気一直線、主人公である桜木花道が該当します。

　また、（あくまでも一般的なイメージとして）AKB48で言えば指原莉乃さん、ジャニーズで言えば「嵐」の松本潤さんはここのグループに入りそうな気がします。

　戦国武将で言えば織田信長、経営者ならソフトバンクの孫正義さんでしょうか。

　「自分の信念に従って突き進む」という、敵も多いが味方からの信頼はすこぶる厚いタイプの人たちです。

②の部屋…冷静な個人主義（流川タイプ）

　続いて右下の部屋ですが、ここは「冷静な個人主義」で、『スラムダンク』で言えば流川楓です。

　AKBなら「ぱるる」こと島崎遥香さんや「まゆゆ」こと渡辺麻友さん、「嵐」で言えば二宮和也さんでしょうか。

　既存のルールにとらわれずに結果を求める人、ビジネスの世界で言えばスティーブ・ジョブズもここに属するでしょう。

　戦国武将で言うと、豊臣秀吉の右腕として活躍した石田三成は非常に冷静で、主君にも臆さず諫言をしていたと言いますから、このタイプだったのかもしれません。

　群れるのを嫌う「孤高の天才タイプ」と言い換えてもいいと思います。

③の部屋…熱いチーム重視（赤木タイプ）

　続いては左上の部屋ですが、ここは「熱く和を重視す

る人」です。『スラムダンク』で言えばキャプテンの「ゴリ」こと赤木剛憲でしょう。

　AKBなら横山由依さん、「嵐」で言えば櫻井 翔さんや大野 智さんがそうかもしれません。

　戦国武将で言うなら武田信玄、経営者なら楽天の三木谷浩史さんは熱そうな感じがします。

　高度経済成長期を駆け抜けてきた日本のおじさんたち、と言うとイメージがよくないかもしれませんが、「仲よくやろうぜ！」が信条のグループです。

④の部屋…冷静なチーム重視（木暮タイプ）

　最後が左下の部屋ですが、ここは「冷静に和を重視する人」で、『スラムダンク』で言うと副主将の「メガネ君」こと木暮公延です。

　AKBなら峯岸みなみさん、「嵐」なら相葉雅紀さん、という感じでしょうか。

　戦国武将で言えば徳川家康、経営者ならサイバーエージェントの藤田 晋さんはこの辺のコントロールがうまそうです。

　職場で言えば、「目立つことは考えなくていいから、各々しっかり仕事をこなそうよ」というタイプの人たちがここに当たります。

　語弊があるかもしれませんが、役所にお勤めの人や、いわゆる草食系の人もここに入るというイメージです。

4つのタイプに分けてみたが……

　以上、4つのタイプを挙げてみました。ここからは便宜的に

　①を「桜木タイプ」

　②を「流川タイプ」

　③を「赤木タイプ」

　④を「木暮タイプ」と呼んでみます。

　ではこのうち、あなたはどこに入るでしょうか？

　……というと、**実は「どこでもいい」。**

　むしろ、「どこにも入ってはいけない」というのがこの本で言いたいことです。

　いきなり矛盾するような話ですが、タイプ分けというのは、たとえばここの説明で挙げたような「アニメや漫画のキャラクター」「芸能人」「有名人」を分けるには便利なのですが、あんまり信用してはいけません。あくまでも「血液型」「星座」「干支」占いくらいの目安のようなものなのです。

　ん？　と思われるかもしれませんが、どういうことかは、続きをもう少し読み進めていただけるとわかると思います。

This episode tells...

「あなたはどのタイプ?」
……本気で考えちゃダメですよ

Check!
- [ ] 心理占いが大好き
- [ ] 相性占いが大好き
- [ ] しかも、割と信じてしまう

09 天才・凡人・中二病

ショッカーと日本人

　先に挙げた４タイプの話を聞いて、自分の身のまわりの人を想像した人も多いと思います。

　日本人、日本の職場をイメージすると出てきやすいのが③の「赤木タイプ」と④の「木暮タイプ」です。

　つまり「和」や「組織」を重んじるタイプですが、そういう上司や同僚などを思い浮かべなかったでしょうか？

　それもそのはずで、日本の組織はそういう人をずっと求めてきたからです。

　たとえば、初代の仮面ライダーにはショッカーという戦闘員たちがあらわれます。「イーーーッ！」というあれです。

　彼らは仮面ライダーにやられてもやられても、毎回同じように登場してきます。ショッカーというのは当時の日本の会社組織の象徴なのです。

「とにかくがむしゃらに、一生懸命に、みんなでつっこめ！」という勢いと協調性が一番大切で、そこには個性もオリジナリティーもありません。

　"上司に命令されたらとにかくやる、異論は認めない"という「地獄の軍団」的な組織では、桜木や流川のよう

なはみ出たことをすると怒られてしまうのです。

　しかし時代は流れて、最近の仮面ライダーでは敵を含めた登場キャラクターも個性的になってきました。

　桜木や流川のような人（たとえばテレビに出ているタレントさんなど）を見ると、「右にならえではなく、才能や自分らしさを持って生きてる人って素敵！」と、つい憧れてしまう。

　そんな風潮が強くなっているのが今の日本です。

中二病の正体

　そうした個性重視の日本社会の中で生まれてきたのが「中二病」という言葉です。

　中二病とは、「特別な人に見られたい」「注目を浴びたい」という強い気持ちが、「ヤベー、昨日寝てないからつらいわぁ」とか「俺、昔はワルだったんだぜ」とか「J-POPなんてダサくて聴けないよ」といった言動にあらわれるものです。

　自分はこうありたい、人に認められたいという自意識過剰気味な14歳の春……社会で生きていくために高校生くらいになったらそろそろ卒業しておきたいところですが、大人になっても症状の抜けない人がいる。ということで、中二病です。

「人にどう見られているか気になる」という心の働きは、本来は誰にでも存在しています。

　ただし、その程度が行きすぎてしまうのが問題です。

行きすぎると「自分しか見えない人」になり、まわりの人も関わりづらくなるので、結果として特定の人（それもごく狭い）としか付き合えなくなっていきます。

個性はあとからついてくるもの

では、中二病に陥ることなく、より生きやすい人生を送るにはどうすればいいかと言うと、「桜木」「流川」「赤木」「木暮」といったキャラにこだわらないことです。

前項で4つのタイプを挙げたのは、「4タイプのうち、どのタイプが一番優秀か？（カッコいいか？）どのタイプになるべきか？」と言うためではありません。

大事なのは、日常を振り返ってみて「自分はいつもどの辺にいることが多いのか」を客観視してみることです。「もうちょっと心を温めた方がいいなぁ」とか、「もうちょっと人と協力しなきゃなぁ」とか、そんなふうにして日々の行動を微調整しながら「自分ってこういう人」という制限をかけないようにしましょう。

この本では天才の生き方を否定するわけでも、和の生き方を推奨するわけでもありません。

が、少なくとも時と場合に合わせて自分を変えられる幅の広さは必要です。時代の流れとともに、より生きやすいスタンスで振る舞いを変える。それができるようになると、人付き合いもずいぶんと楽になってきます。

臨機応変とは、「自分がない」ことではないのです。

さよなら中二病
さよなら自分らしさ

 Check!

- ☐ 他人へのコンプレックスが強い
- ☐ 個性至上主義
- ☐ 意見を否定されるとイラッとしてしまう

10 人が人を認める瞬間

4つのタイプから見る「褒めどころ」

人が、誰かのことを「おお、こいつやるな」「素敵」「すごいなぁ」と思うのはどんなときでしょうか?

仕事をする中で人に認めてもらうためには、「ものすごい働きをする」、「まじめにコツコツやる」、「意外とできるんだぞというギャップを見せる」などがありますが、評価するポイントは相手がどんな価値観を持っているかで変わってきます。

ここでは仮に、自分のことを上司(その他、取引先や得意先の人など)に認めてもらうにはどうすればいいか? という視点で、先の4タイプを使って見てみましょう。

①桜木部長の場合

まず、桜木タイプの「熱い個人プレーヤー」が上司だった場合です。このタイプは、結構簡単です。

こういう人は自分を認めてくれる人が大好きなので、「さすが桜木さん!」「いやぁ、桜木さんにしかできないですよ!」と、個性や才能を認めてあげると「さっすが、君は見る目があるねぇ!」となります。

目標に向かって寝食を忘れて仕事に没頭する、ミスを

したら責任を取って頭を丸める、といった熱いアクションを高評価してくれるはずです。

　反対に、「いや、そういうルールなんで……」といったお役所的な対応は NG です。

②流川部長の場合

　次に、流川タイプの「クールな個人プレーヤー」の場合。

　こういう人は協調性を重視しない。飲み会にも行かない。という人なので、プライベートで仲よくなろうとは考えない方がいいでしょう。「うっとうしい」と思われるだけでマイナス効果です。流川部長とうまく付き合っていくために必要なのは、求められたことに対してきっちり結果を出すということです。

　何か提案したいことがあるときは具体的な数字を示すなど、あいまいなことを避ければ「ほほう……」と思ってくれるかもしれません。

③赤木部長の場合

　熱くて和が大好きな赤木部長の場合、プライベートの付き合いも大切になってきます。

　一緒に飲みに行く、ヨイショする、旅行に行ったらお土産を買ってくる、といったことを続けていると「あいつは見どころがある」と認めてくれたりします。

　赤木部長の場合、結果もさることながら、そこに至る

までのプロセスを評価してくれるタイプなので、夜遅くまで一生懸命働くとか、情熱を持って仕事にあたる姿勢を見せることが大事です。たとえば、すでにできている書類を、あえて休日出勤してメールで送信し、休日出勤したという証を残したり……。

　誕生日や出身地などの個人的なことを覚えておいて、ふとしたときに「そういえば赤木さんも○○高校でしたよね？」などと触れてみるというのもいいでしょう。

④木暮部長の場合

　淡々と、しかし和を重視するタイプの木暮部長が評価するのは、「うちのチームにどれだけ貢献してくれているか」「目立ったことをしていないか」ということです。

　任された仕事でコツコツと結果を出しつつ、そのチームが大事にしているもの、価値観に寄り添うことが大切です。それを無視して目立とうとしたり、手柄を自慢したりするのはご法度です。

　チーム内で仲よくすることも大事なのですが、木暮部長の場合は仕事とプライベートを分けたドライな付き合い方が好まれるかもしれません。飲み会は「忘年会」と「新年会」といった行事のあるときだけ、というイメージでしょうか。チーム内では誰とでも分け隔てなく、フェアに接することが大事です。

基本的にプライベートも同じです

　仕事だけでなく、プライベートや家庭内でも基本は同じで、桜木タイプの人には褒めて立てて、口うるさく言わない。流川タイプの人は放っておく。赤木タイプの人には熱く同調。木暮タイプの人には一定の距離を保ちつつも必要最低限のコミュニケーションは取る。といった対応が好まれるはずです。

　もちろんこれも目安のようなものですから、「この人はこのタイプだ」と型にはめすぎてはいけません。

　ただ、注意して相手と接することで、その人の価値観やスタンスが見えてきます。

　何にしても大切なことは、相手を無理に変えようとするのではなく、自分から相手に近づいていって、心の温度を合わせていくということです。

2人の天才が歩み寄ったとき

　ちょっと余談ですが、『スラムダンク』の最終回に有名なシーンがあります。

　桜木と流川は入部以来、パスをまわしあったことがほとんどありません。お互い才能のある選手で、さらに心の温度も正反対。ライバル関係というよりも、とにかく"肌の合わない"水と油のような関係でした。

　しかし、桜木たちの所属する湘北高校と、優勝候補山王高校とのインターハイ2回戦のことです。

　スコアは77対78という激戦の中、試合終了まであと2秒。ここで決めれば湘北高校の逆転……という最後の

チャンスで、シュート態勢に入りつつも、しかしブロックに囲まれた流川が、ゴール前、ノーマークで待機する桜木と視線が合います。

この決定的な場面で、流川はシュートにいかず、桜木にパスを出します。意表をついたパスに敵ディフェンダーも啞然とする中……ボールを受け取った桜木がすぐさまシュート態勢に入り、ボールを放つ。

桜木の放ったボールはふわっとリングに吸い込まれていき、スコアは 79 対 78。

逆転！　と同時に試合終了のブザーが鳴り、試合終了。

会場が熱狂的な歓声に包まれる中、桜木と流川、互いが一直線に歩み寄り、タッチを交わす———というシーンです。

最後の最後のチャンスで、桜木にボールを託した流川の決断、そして決めた桜木の勝負強さ。はじめてお互いの心の温度が一致し、認めあった瞬間です。

この例ではありませんが、人と信頼関係をつくるためには、自分から相手を認めようとする気持ちや行動が必要です。それは、たとえば「おはよう」という声かけや「ありがとう」という一言。あるいはグチグチと文句を言わない。といったほんの少しの行動からはじまります。

大きいことではなく、少しずつでいいのです。まずは自分から相手に歩み寄るようにして、言葉や行動を変えていく。

信頼とは、その積み重ねの上にできていきます。

照れるな、意地を張るな、歩み寄れ

Check!

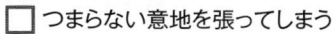

- [ ] 自分からはあいさつしない
- [ ] 謝るのがヘタ
- [ ] つまらない意地を張ってしまう

11 距離を測る、距離を縮める

侮（あなど）れない飲み会の効用

　信頼関係をつくるためには、人との距離を縮めることが近道です。が、お伝えしたように、孤高の天才肌の流川タイプの人は、そもそも「人と近づこう」という考えがない人が多いので、これに当てはまりません。

　ただし、基本的に「地獄の軍団」的組織が多く、さらに和を大切にする空気が流れている日本社会の中では、正真正銘の流川タイプというのは"イリオモテヤマネコ"くらい珍しい人種だと思います。

　そこでここでは、流川タイプ以外の「日本人だいたいの人に当てはまるであろう」人との距離の縮め方について説明していきます。

「はじめに」でもお伝えしましたが、私（ホッタ）は「飲みの席には這（は）ってでも行け」とゼミ生に伝えています。

　さまざまな人との出会いには、家に1人でいることよりもたくさんの価値があると信じているからです。

　と、これだけでは精神論のようですが、人と距離を縮めることを目的とすると、飲みの席というのは科学的にも効果があるとされています。

　1つは **「ランチョンテクニック」** と言われる効果で、

おいしい料理を食べ、楽しい時間を過ごしているとき、人は話の内容をポジティブに受け取ることができるというものです。

「おいしい」「楽しい」という体験が、この人の話はおもしろい、この人のことが好きかもしれない、という感情に結びつきます。

　政治やビジネスの世界では、会食をしながら商談を進めることがよくありますが、これも相手に「NO」を言いづらくさせるための作戦なのです。

エッチなビデオと単純接触

　もう1つ、これは飲みや食事の席に限った話ではありませんが、**「単純接触効果」と言って人は顔を合わせる回数や頻度が増えると親しみを持つ**とされています。

　笑い話ですが、とある男性が駅の中で「あれ……この人、何か知ってる人なんだけど思い出せないなぁ……誰だっけ？　とりあえず挨拶しておこう」と、「あっ、どうも！」と声をかけてみたそうです。

　すると、相手も同じような感じで「どうも！」と挨拶をしてくれたそうなのですが、それでも、どこの誰だったか思い出せません。

「確かに知り合いなんだけど……誰だっけなぁ……」と、思い返してみると、いつもエッチなビデオを借りるときの店員さんだったという話があります。

　このように、単純に顔を合わせる回数と頻度を高める

だけで人との距離は縮まります。

　その意味では、職場や家庭で「1日1回は声をかける」、「挨拶をする」、「ありがとうと言う」といったささいなアクションは、実は侮れない効果があるのです。

自分の話を積極的にしてみる

　では、少し角度を変えて、こんな距離の縮め方も紹介しましょう。

　女性同士が話すとき、それぞれのプライベートな話をよくします。

「ハマっていること」「ファッション」「ドジな話」「恋愛観」……など、たとえ初対面でも話しているうちにすっかり意気投合することも多いようなのです。

　実はこうして自らプライベートな話をすることは「自己開示」といって、お互いの距離を縮める効果があります。

　自分の「秘密」や「過去の失敗」、また、より深いところでは「病気」などのトピックが効果的です。

　もちろん、初対面でいきなり病気の話をするのはリスクが高いのでオススメできませんが、そういう近づき方もあるということです。

　また、自分からプライベートなことを話すと、**「自己開示の返報性」** と言って、相手も「そういえば私も……」と同じレベルの自己開示をしてくれます。

　その相乗効果で距離が縮まっていくのです。

　「飲みの席が距離を縮めるのにちょうどいい」というもう1つの理由はここにあります。

　お酒が入ると気分が開放的になるので自己開示しやすく、人と仲よくなりやすいのです。

「いい距離感」はすぐには見つからない

　ここまでの例は、いずれも心理学や社会科学の研究結果として出ているものですが、ただし注意が必要なのは、学問の研究結果というのは基本的に「大多数の人がそうである」という前提で成り立っているということです。

　そのため、中には例外もありますし、個人差もあります。

　たとえば「いやぁ〜、飲みすぎちゃって朝起きたら路上でしたよ」という話があったとして、相手が桜木や赤木なら「マジ？　どこで飲んでたの？」「若いなぁ〜」という反応をくれるかもしれませんが、流川や木暮なら「へぇ……」「仕事中に寝るなよ」「それより例の件はどうなった？」という冷めた反応の場合もあるでしょう。

　距離を縮めるにしても、適切な話題の振り方やタイミングがあります。

　それを見極めるには、距離感を測るということです。

　よくある話で、父親が思春期の娘との距離を縮めようとして

　父：「お前、学校はどうだ最近？」

娘：「……別に」

父：「別にってことがあるか！」

と、ケンカになってしまうことがあります。

これは、どちらが悪いという話ではありません。

人間関係というのは、そもそもこういう衝突の繰り返しでできていくものなのです。

「ヤマアラシのジレンマ」という有名な話があります。

寒い夜に、ヤマアラシが2匹。互いに身を寄せあって体を温めたいが、ヤマアラシは体中トゲだらけなので、体をピッタリくっつけようとすると傷つけあってしまう、という寓話です。

心理学では**「人間というのは、近づいて、離れて、また近づいて、そうしてちょうどいい距離を見つけていく」**というたとえに使われている話です。

娘に「ウザい」と言われたからと言ってお父さんと娘の縁は切れません。同じように、職場や友人などとの人間関係も簡単には切れません。

何かあってもそこであきらめたり簡単に失望したりせず、うまく付き合っていくためのちょうどいい距離感を模索していくべきなのです。

「人は不変ではない」とはすでに伝えたとおりで、そのときどき適切な距離感で付き合っていけるよう、相手を尊重することを忘れてはいけないと思います。

This episode tells...

ちょうどいい距離は
手を変え品を変え

Check!
- [ ] 知らない人と飲みに行けない
- [ ] 避けている人がいる
- [ ] 人とケンカ別れすることが多い

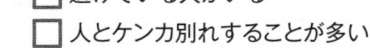

12 ガッカリの原因と処方箋

なぜガッカリしてしまうのか？

　人が信頼を失う瞬間、つまり、失望されてしまうのはどんなときでしょうか？

　たとえば、人に嘘をつかれたとき。頼んだことをやってくれていなかったとき。約束を破られたとき。さまざまなケースがあるでしょう。

　その人のことを信頼できなくなるとは、言い換えればガッカリするということです。

「信じていたのに……」「できると思っていたのに……」など、事前に期待していたことと違う結果が起きると、人はガッカリしてしまいます。期待どおりにものごとが運ばないことで、マイナスのギャップが起こるからです。

　すると、その人のことが嫌になったり、もう近づきたくないと思ったりして、結果的に関係がぎくしゃくしてしまいます。

　関係をそこで終わらせてしまうのも１つの手ではありますが、家族だったり職場の人だったり、そうもいかないケースが多々あります。

ガッカリしないためには

　このガッカリを何とかする方法はないのでしょうか？

　その方法は、ギャップをつくりださないことです。

　つまり、**過度な期待をしすぎない。相手に求めすぎない**ということが重要です。

　よく学校の先生が「お前たち静かにしろ！」と生徒に怒鳴ったりしますが、それは「生徒は先生の言うことを黙って聞くもんだ」という先生側の期待があるからです。

　他人に対して同調を求めてしまうと、自分と意見が食い違った人や、自分の思いどおりに動いてくれない人にガッカリしたり怒ったりしてしまいます。

　すると、「もしかしたら自分のやり方が悪かったのかもしれない」、「相手にも事情があるのかもしれない」といった配慮ができなくなってしまいます。

　心を温めるのは大切なことですが、変に熱くなってしまうと「相手が悪い、自分は悪くない」などと決めつけ、ものごとを冷静に見られなくなってしまうのです。

"適度" な期待をする

　相手に求めすぎないというのは、人にまったく期待するな、ということではありません。

　たとえばマラソンの日本代表選手に対して「がんばって金取って欲しいなぁ、取ってくれたら嬉しいなぁ」という期待はいいのですが、「金メダル絶対取れ！　取れないなんてありえないぞ！」というのは、求めすぎです。「絶対取れるに決まっている」「取れなかったらどうしてくれよう」では、期待を超えて、押しつけなのです。

　職場でありがちな「お前たち、上司である俺には気を
つかえ！」というのも押しつけになります。
「部下には気をつかってほしいけど、なかなか期待どお
りにならないのは俺の教え方がよくないからなのかも」。
これが、適度な期待です。

　相手に期待をしつつも、そのとおりにいかなかったの
なら、「なぜか？」を考える。相手を信頼しつつも、一
方では失敗したときのことを考えて段取りもしておく。
そういう余裕を持たねばなりません。

　人間というのは、「女はオシャレしないとならない」
「男は話し上手でないとならない」「上司とは完璧でない
とならない」「部下とは素直でないとならない」「子ども
とは……」「チームとは……」といった「これはこうあ
らなければならない」という気持ちが強くなりすぎると、
つい理想主義に走ったり、考えを押しつけてしまったり
します。そして、その期待が裏切られると心が冷めてし
まうのです。

　しかしそうではなく、好意は持ちつつも、相手の言動
に対して「柔軟さ」や「ゆるさ」を身につけることが大
切です。

　あなたは過度な期待を相手にしていないでしょうか？
仕事、恋愛、友情、結婚生活、何にでもあてはまります。

人を許す心の余裕を
人に期待する心のやさしさを

Check!
- 期待に応えなかった人に怒ってしまう
- 自分を裏切った人を許せない
- 問題の原因を人に求めてしまう

13 恋愛が長続きしないわけ

ギャップとは一発ギャグにすぎない

よく、「恋にはギャップが大切」などと言います。

たしかに、ギャップは恋の入り口としてはいいのですが、ギャップだけの恋愛は長続きしません。

たとえばこんなケースです。

"見た目は普通で特にタイプでもないんだけど、彼の車を運転している姿に「あれ……？ 何かカッコいいかも」と「どきっ」として付き合ってみた。

が、実際に付き合ってみると期待していた男らしさはほとんど見えてこず、すぐに車を運転する姿にも慣れてしまった……ので、結局ひと月で別れちゃいました"。

と、いうような女性によく出会います。

同じことはもちろん男性にも言えるのですが、いいギャップというのは起きれば起きるほど期待値も上がってしまうので、相手としてはその要求に応えるのが難しくなります。

言わば、最初はおもしろいと思っていた芸人さんの一発ギャグにだんだん飽きてくるのと同じ原理なのです。

恋愛が続かない４つの原因

自我と恋愛の関係について研究されている大野久氏は、

「交際が長続きしなかった理由の特徴」として次の4つを挙げています。

①相手からの賞賛を強く求めてしまう
②相手が自分のことをどう思っているか常に気になる
③交際開始からしばらく経つと、相手に飲みこまれるような不安を経験する
④相手の言動に目が離せなくなり、相手が何をしているのかが常に気になってしまう

　簡単に言うと、「いつも自分のことだけを見てもらいたい」と思ったり、相手に影響されすぎるのが怖かったり、相手を「自分の思いどおりにしたい」と考えてしまったり……ということが恋愛の続かない原因なのです。

恋と愛の違いがわかりますか？

　ところで「恋愛」と言いますが、そもそも、恋と愛の違いは何でしょうか？
　心理学者の西平直喜氏が、こんなふうに言っています。
　恋とは、「この人のどこが好きなのか？」と聞かれたときに「やさしいから」「顔がいいから」「頭がいいから」といった他人と比較したときの条件で答えるもの。
　一方の愛とは「この人だから」以外に答えようがない。つまり、他の人と比べることを超えたものだと言ってい

ます。

　実際、付き合いの長い恋人たちは、「相手のどこが好きなの？」と言ったとき、「この人のここが好き」とは言いません。

　どこが好きというよりも、「この人だからいい」のです。

　よく「女子高生は恋する自分に恋している」と言いますが、精神的にまだ幼いときは、愛を相手ではなく自分自身に向けてしまいます。

「彼氏のいる私」、「彼女のいる俺」、といった「相手」ではなく「相手と一緒にいる自分」に恋をしてしまうのです。

　結局、恋愛が長続きしない原因もここにあります。

「この人のここが好き」と言ってしまうと、そこに飽きたり、その特徴がなくなってしまったりしたとき、すぐに冷めてしまいます。

「彼は金持ちだから付き合う」と「彼はやさしいから付き合う」というのは同じことなのです。

　恋愛を長く（それも幸せな形で）続けようと思ったら、お互いがお互いを認め合える、そんないい関係をつくる努力が必要になります。

　もちろん、子どもを育てるときも、部下を育てるときも同じです。どこがいい悪いではなく、すべてを受け入れること。

　それこそが、愛なのです。

他人を自分くらい愛してみろ

Check! ☐ ギャップに弱い
✔ ☐ 恋人に求める条件がある
☐ メリット重視で人と付き合ってしまう

14 我が国におけるお酌文化

「お酌」に対して女性が感じていること

日本には、「お酌」という文化があります。

目下の人から目上の人に、「田中部長、ささ、どうぞ」「おお、ありがとう、高橋君」というように、ビジネスにしろプライベートにしろ、お酒の付き合いを通して信頼関係をつくろうとする習慣があります。

その際、目上の人にお酌をするのは男性ではなく、女性の方が好まれるというのも日本のお酌文化の特徴です。

しかしちょっと前、このお酌に対する考え方に「嫌、私はお酌なんて絶対しないわよ！」と言う女性たちが増えた時期がありました。

「女はお茶くみだけやってればいいんだ」という男性都合の文化から、女性の社会進出が進み、仕事をバリバリする女性が増えたことで「男女同権」の意識が広まったからです。

僕（イオタ）は仕事上、働く女性の話を聞くことがたくさんあるのですが、お酌反対派の女性たちの意見にはこんなものがありました。

「仕事も大してできないのに女性に女性らしさを求めすぎ」「男としてやることをやってから言え」「何だか見下されている気がする」「セクハラ」……などです。

　最近では新しい傾向として「まぁお酌くらいなら別に……」とか、「女性らしさは武器になる」とか、そういうふうに言う女性も増えてきているのですが、何にしても、男女の集まるコミュニティー、特に職場の中では、「女のくせに」「男のくせに」といういがみあいは害にしかなりません。

　男と女という性別の違いは、努力なしでは埋めることはできないでしょう。

　上手に付き合っていこうと思ったら、なおさらお互いのことを理解しようとする気持ちが必要です。

一歩間違うと泥沼化する職場の男女関係

　あるとき、女性部下ばかりの職場で上司になった男性がいました。

　当時、女性部下たちには派閥ができていて、AとB2つのグループに分かれていました。

　Aのグループからは Bのグチ、Bのグループからは Aのグチ、というように、次から次へと不満や文句をぶつけられるので、男性上司はそのうち「いつまでくだらないことをやってるんだ、お前らいい加減にしろ！」とかなり厳しく叱ってケンカ両成敗にしようと思ったそうなのですが……これがまずかったようです。

　AとBのグループは結託をして、「男性上司にセクハラされた」「パワハラを受けた」など、男性上司のことをさらにその上の上司に報告するようになったのです。

　おそらく、AのグループにしてもBのグループにしても、「自分たちの話を聞いてほしかった」というのが一番強かったと思うのですが、男性上司が頭ごなしに叱ったことで「この人はわかろうとしてくれない」と怒らせてしまったのでしょう。

　互いが言いたいことばかり言っていると、こういう極端なことが起こってしまうこともあります。

　たとえば、「まぁお酌くらいなら別に……」という女性であっても、「気もつかうしお酌くらいするけど、その代わり、あなたたちも男らしく決断するところはして、グチグチしつこいことは言わないでよ」という気持ちがあります。

　人に何かを求めるのなら、自分だって何かをしてあげないといけません。

　女性に女性らしさを求めるのであれば、男性もそれなりの男性らしさを身につけるべきですし、反対に、男性に男性らしさを求めるのであれば、女性はある程度は（相手の思う）女性らしさを身につけるべきでしょう。「お酌」に話を戻せば、そもそもお酌とは、相手への敬意のあらわれです。

　等価交換とまではいかないまでも、相手に敬意を持ってもらえるような立ち居振る舞いをすることで、男女のギャップも、年齢のギャップも埋まっていきます。

人は何かを与えることでしか何かを得ることはできない、こともある

Check!

- [ ] 人に男（女）らしさを求めてしまう
- [ ] 「男（女）ってやつは……」と言いがち
- [ ] 相手の立場や事情まで頭がまわらない

15 嫌いなアイツと仲良くできるのか？

好き嫌いと信頼関係

信頼関係に、好き嫌いは重要な要素です。

「のど渇いた、ジュース買ってきて」と人に言われたとき、それが好きな人の言うことなら「OK！」と素直に返事できるでしょうし、苦手な人や嫌いな人の言うことには「え？」「はぁっ？」となってしまいます。

しかし、そもそも「好き嫌い」とは何なのでしょうか？

Episode 11 で、人と距離を縮めるには接する機会を増やすことが大事だと言いました。

「単純接触効果」で、接する回数が増えるだけでもお互いに距離が近くなり、気安い関係をつくりやすくなります。

ところが我々のよくないところは、何となくの第一印象で「あ、この人は自分と違うかもしれない」と距離をつくってしまうところです。

よく知りもしないのに、「あの人は嫌い」「この人は好き」と、勝手に判断してしまいます。自分と近い環境にいたり、趣味が合ったりすれば、好きな人。自分とは違う環境にいたり、趣味が合わなかったりすれば嫌いな人。そんなふうに線引きしてしまうことが多いのです。

　しかし、人間の世界は人を好き嫌いで分けられるほど簡単ではありません。

　特に、「好き」という気持ちはいいかもしれませんが、「嫌い」という気持ちに関しては、持っているだけ損をしてしまいます。

「好き」「嫌い」は簡単に変わってしまう

　では、仮に嫌いな人がいるとして、どうしたらその人への嫌悪感（けんおかん）を忘れられるでしょうか？

　1つには、やはり「もっと接する」ということです。

　接する回数、声をかける回数を増やして心のバリアを取り除いていき、その人のことを理解していくことが必要でしょう。

　これは精神論ではなく**「熟知性の原則」**と言って、その人のことを理解していくと、より好意を持つことができると言われています。

　たとえば、その人の昔の話を聞いて「へぇ、そんなことがあったんだ」と思ったり、意外な一面を発見して「おもしろいな」と感じたりすると、相手への興味もわくし、好意を持つようにもなるはずです。

　そしてもう1つは、「自分はその人のことが好きだ」と言葉にする、心の中で思ってみるというやり方です。

　たとえ好きでなかったことでも、「実はこういうところが好きかも」「よく見るとここも好きだな」と、好きだ好きだと言い続けることで脳からドーパミンという物

質が出てきます。

　ドーパミンは快の感情と関わると言われていて、ドーパミンが出ると「楽しい」「気持ちいい」「心地いい」といった気持ちになるのです。

　たとえば絵を描くのが嫌いな人も、わりばしをくわえながら描くと楽しくなってくるという実験結果があります。口角が上がると脳からドーパミンが出て、勝手に楽しいと錯覚してしまうのです。

　同じような話で、「笑顔で話すと会話が楽しくなる」ということもあります。

　それくらい好き嫌いの感情というのは単純なものです。

　そう考えれば、そもそも好き嫌いというのはあってないようなもので、実は無意識につくられた錯覚や幻想のようなものなのです。

　だから、「この人は僕（私）のことを苦手だと思ってるんだろうな……」という相手にも、思い切って自分から相手に近づき、好意で接するようにしてみましょう。

　人は、差し出された好意をなかなか無下にはできません。**「好意の返報性」**と言うのですが、**人は受けた好意を好意で返したくなります。**

　好き嫌いで付き合う人を選ぶのではなく、誰にでも好意で接してみる。それが信頼関係をつくるための秘訣です。

> *This episode tells...*

愛の反対は無関心
イヤよイヤよも好きのうち

Check!

- [ ] 世の中の人を敵と味方で分けてしまう
- [ ] 「雰囲気」が苦手な人がいる
- [ ] 趣味の合わない人とは会話が弾まない

16 他人を認めるというスキル

人が対立してしまう理由とその対応

　人と人が相容れないときは「対人葛藤」が起きています。

　ごく簡単に言えば「対立」ということなのですが、対人葛藤には以下の3つの種類があります。

　　①利害葛藤：願望や期待、要求の相違
　　②認知葛藤：意見の不一致
　　③規範葛藤：倫理観や道徳観の違い

　これら複数の要因が絡みあって対立が起こることもあるのですが、日本人の場合、こうした対立（たとえば夫婦ゲンカなど）が起こると4分の3が

　「話をやめ、それ以上話そうとしなくなる」（撤退）
　「同じ話題で争いをしようとしなくなる」（回避）
　「相手の条件をすべてのむ」（服従）

といういずれかの行動を取るのだそうです。

　たしかに対立が起きないならそれに越したことはないのですが、「なんだか納得いかないなぁ」という気持ちを抱えたまま「撤退」「回避」「服従」といった選択肢を選んでしまうと、あとで必ず不満の火種になります。

南米のタイヤ工場

　こんな話があります。南米のとあるタイヤ工場で、現地のスタッフがタイヤをつくっていました。

　工場長は日本人なのですが、現地人のスタッフたちは終業時間になったらタイヤが製作途中のままでも帰ってしまいました。それを見た工場長が「あらあら、途中のままで帰っちゃって……しょうがないから代わりにやっておいてあげよう」と親切心からやりかけのタイヤを1つ仕上げたのだそうです。

　するとそのあくる日、現地のスタッフが怒って工場長に詰め寄ってきました。

「あなたは俺たちの仕事を奪う気か⁉」

「賃金を減らす気か⁉」

「あんたが俺たちと同じ仕事をするなら、俺たちの賃金をあんたと同じにしてくれ！」

　個人主義で成り立っている世界では、彼らの仕事は、彼らの仕事。それが暗黙のルールだったのです。工場長が決して立ち入ってはいけない領域だったのでした。

対立から逃げてはいけない

　こういった問題が起きたとき、我々はつい「親切心でやってやったのに何が悪いんだ！」と感情的になったり、とりあえず「すみません」と謝って終わりにしてしまいますが、重要なのはきっちり議論をするということです。

　タイヤ工場の話で言うなら、彼らの文化と日本の文化の違いを説明してお互いの考え方を理解しようとしないと、おそらくまた同じようなことが起こるでしょう。

　根本的な部分を放っておくと、「あいつらは本当に嫌なやつらだ」というフラストレーションがたまって、事実と感情を分けられなくなってしまいます。「あいつは嫌なヤツだから挨拶をしないんだ！」「あいつは性格が悪いからそういう言い方をするんだ！」という思考回路になってしまうのです。

　本当は「なぜ挨拶をしないといけないか知らないだけ」「クセでつい断定的な言い方をしてしまう」といった本当の理由があるはずなのですが、一方的に決めつけてしまいます。そして、さらに溝が深まっていくのです。

　そうならないよう、対立が起きたときは逃げずに、ぶつかってみましょう。

　相手を言い負かすのではなく、相手のことを理解するために話し合ってみるのです。

　そして、問題から目を逸らさずに妥協点を探してみる……このスタンスを忘れないでください。

攻撃ではなく、
納得するために話し合う

Check!

- [ ] 何でも穏便に済ませようとする
- [ ] 建設的な話しあいから逃げてしまう
- [ ] 相手の言動すべてが不快

17 最初のキッスと最後のキッス

今どきの大学生の自己紹介

私（ホッタ）の勤めている明治大学には「教養基礎演習」という授業があります。大学に入りたての新入生たちが集まるクラスです。

初回の授業ではそれぞれのメンバーに自己紹介をしてもらうのですが、このときおもしろい傾向があります。

「え～、ヤマダタロウです。高校のときは陸上をやってて、"いちおー"、インターハイまで出ました」。

「スズキジロウです、趣味はニコ動（ニコニコ動画）で、高校では基本的に引きニート（家に引きこもりがちな無気力な人間）でした」。

このように、過去の実績をアピールするタイプと、自虐するタイプの２種類にだいたい分かれます。

「認めてほしい」あるいは「照れ隠し」といったこともあるのでしょうが、いずれにしても自己紹介としてはあまり効果的ではありません。聞いた方としては「う～ん……」と、反応に困ってしまうからです。

最初の記憶は残りやすい

Episode 11 で自己開示の話をしましたが、自己紹介もその１つです。

　人間は初対面の人と出会ったとき、「この人はこういう人だ！」というラベルを貼ります。この第一印象がいいものだと親しい関係を築きやすいのです。

　心理学では**「初頭効果」**と呼ばれるもので、たとえば５回目、10 回目のキスのことは覚えていないけど、ファーストキスのことは簡単に思い出せるというように、**最初の記憶というのは時間が経ってもなかなか消えない**のです。

　つまり、人に与える第一印象は、その後の関係性にも響いてきます。

　だからこそ、自己紹介では「相手にどんな印象を持ってもらいたいか」を考えることが重要なのです。

　（ちなみにこの効果は、相手に確実に記憶を残したい場面、たとえば面接や交流会など大勢の人がいるときも応用ができます。なるべく早い順番で挨拶したり、自己紹介したりすると、「あっ、あの人ね」と記憶に残りやすくなるのです）。

占い師の最初のつかみ

　ところで少し話は変わりますが、占い師がよくつかうフレーズにこんなものがあります。

「最近、あなたの身内に不幸がありませんでしたか？」

「今どきそんなんで信じるかよ〜」なんて笑っている人でも、いざ占い師の前に座って「あなた、足に怪我をしたことがありますね？」と言われると「……はっ、そう

いえば……」と考えてしまうものです。

　これは**「バーナム効果」**と呼ばれるもので、誰にでも共通するような漠然としたことを言われると、人は勝手に記憶をたどって、話をくっつけてしまうのです。

「母さん、俺だよ俺」「お宅のご主人が事故を起こしました」と、知らない人に電話をしてお金を振り込ませる振り込め詐欺も、この効果を利用しています。

　最初のつかみがいいと、人はついその人のことを信じてしまうのです。

記憶はどんどん上書きされていく

　では、「狙った自己紹介でみごとにすべってしまった！」つかみに失敗したときはどうしたらいいでしょうか？

　その場合は、あきらめたりくさったりせず、少しでもいい印象を与えられるように努力をするしかありません。

　先ほど紹介した初頭効果とよく引き合いに出される**「新近効果」**というものがあります。

　新近効果とは、初頭効果とは反対で**「一番新しい記憶は思い出しやすい」**というものです。

　最後に見た映画、その人と最後に会ったとき、最後に話した内容……というように、最新の出来事は記憶に残ります。

　つまり、人の印象はどんどん上書きしていくことができるのです。

　最初のつかみには力を入れる。でも、失敗したらした
でくよくよせず、もっといい印象に変えられるようにが
んばる。単純ですが、対人関係の鉄則です。

仕事やプライベートでも応用してみよう

　なお、初頭効果と新近効果を組み合わせるといろいろ
な応用がきくようになってきます。

　たとえばプレゼンテーションをするとき、はじめと終
わりに力を入れると印象深いものになります。

　相手の関心が低そうだなぁというときは、最初に「引
きの強い」事例やデータなどを紹介するとグッと引き寄
せられます。

　一方、最初から聞き手の興味関心が高そうなときは、
「とっておき」の情報を最後に紹介することで忘れられ
ない話ができるでしょう。

　また、話しているうちに"つい"人の悪口を言ってし
まったときも「まぁ、いい人なんだけどね」などのポジ
ティブな言葉でしめくくってフォローすると、相手から
「この人、悪口ばっかりだなぁ」と思われる可能性も減
らせます。

　対人関係の他、記憶（勉強）、プレゼン、広告など、
いろんな場面で応用できるので、使ってみてください。

最初と最後が肝心です

Check!
- ☐ 自己紹介の得意技が自虐
- ☐ もしくは自慢話で終始する
- ☐ すべると立ち直れない

第3章
人間関係で悩まない

18 役割が性格をつくる

かの有名な「スタンフォード監獄実験」

　人間が生きていく中では、必ずグループができます。たとえば職場の中も家庭も友人関係も１つのグループで、グループができればそこには必ず役割ができるものです。『es（エス）』という映画のモデルにもなった、スタンフォード大学のある有名な実験があります。「スタンフォード監獄実験」と呼ばれるものです。

　簡単に言えば人間の性格についての実験で、まず新聞の公募で24人の被験者（いずれも心身ともに健康な人たち）を集め、ランダムに看守役と囚人役とに分けました。そして２週間の間、彼らに刑務所ごっこのようなことをしてもらい、果たして被験者たちの間でどんな変化が起きるのか調べたのです。

　場所はスタンフォード大学の構内で行われ、格好はもちろん、設備なども本物の刑務所を模したつくりにしました。

　実験開始当初は、その場にいた誰もが「割のいいアルバイト」感覚だったのですが、すぐに状況は変わります。

　時間が経つにつれて、看守役の人たちがより暴力的、支配的になっていったのです。

　実験２日目には囚人たちが暴動を起こし、看守は囚人

に罰を与えたり禁止されていた暴力をふるったりして、ついにはリタイアする囚人も出てきました。

　状況はその後もエスカレートしていき、結局、実験は1週間で中止になったと言います。

人は役割に染まる

　心理学の世界では**「役割性格」**と言われていますが、人は役割を与えられるとその役割に応じた自分を演じようとします。たとえば、役職がついたり出世したりすると、途端にそれらしい振る舞いを見せるようになるのです。

　これにはいい面と悪い面があり、たとえばスタンフォード監獄実験の看守役のように、役職についた途端に権力に溺（おぼ）れてしまう人もいます。

　腰が低くて優秀なプレイヤーだった人が、部下を持つと傲慢（ごうまん）になったり、楽をしたりしてしまうのです。

　一方で、ちょっと頼りなかった人がリーダーに選ばれたり、課長に出世したりした途端に責任感を持って活躍しはじめることもあります。

　では、その差はどこにあるのでしょうか?

役割に溺れないためのバランス感覚

　サッカーというのは、一人では決して成立しないスポーツです。フォワード、ミッドフィルダー、ディフェンダー、キーパー、それぞれに役割があって、その役割を

果たすための意識やプレイ、言葉などがあります。

さらに、キャプテンになればキャプテンとしての役割がなおさら求められますし、プレイヤーたちをまとめる監督、技術やメンタル面でのコーチ、また球団を運営するオーナーにも各々（おのおの）の役割があるでしょう。

チームとは、そのバランスで成り立っています。

仕事にしても、プライベートのコミュニティにしても、大切なのはチームのバランスを意識することです。

役割を身につけたときに悪い方向に変わってしまうのは、その役についた自分に溺れてしまうからです。

そうではなく、その役割に立った自分が本当にやるべきことを見つけるようにしましょう。

たとえば新しい人間関係をつくるとき、就職、転職、趣味のグループなど、新しい環境になじむためには、チームの中での自分の役割を見つけることが大切なのです。

仕事なら自分の役割は調整役なのか、まとめ役なのか、率先して動くことなのか。家庭なら、子どもを褒める役なのか、しつける役なのか、そのバランスです。

「どう行動するとチームのためになるのか？」

わからなければリーダーに聞いてみてください（それを教えるのがリーダーの役割でもあります）。

This episode tells...

ピンク
＝お色気

レッド
＝リーダー

イエロー
＝カレー

ポジションが決まれば、動きやすい

Check!

☐ 権力に弱い
☑ 「チームで動く」という意識がない
☐ 「全体を見る」という習慣がない

Episode 19 「私は博士じゃ」と 本物の博士は言わない

「だわよ」と言うのはオネェだけ

漫画やアニメなどでは、博士がよく登場してきます。『鉄腕アトム』のお茶の水博士しかり、『名探偵コナン』の阿笠博士しかり、彼らは語尾に「〜じゃ」と言います。

しかし、現実世界の博士というのは、「〜じゃ」とは言いません。私（ホッタ）が講義で「教科書の 85 ページを開くのじゃ」と言い出したら失笑もいいところです。

同じように、中国の人は現実で「〜アルよ」とは言いませんし、「〜だわよ」なんて言うのはおかまバーで働くオネェさんたちくらいのものでしょう。

Episode 04 で「ギャップ」の説明をしましたが、言葉にも「キャラづけ」や「特徴」として目立った方がいいときと、そうでないときがあります。

性別と言葉の説得力

オバーという学者が、「法廷で証人が話すとき、話し方で説得力に違いは出るか？」という実験を行いました。

この実験ではまず、"ぼかし表現" や "言いよどみ"、"強調表現を多用する" など、一般的に "女性っぽい" と言われている話し方を「社会的に立場の弱い人の（powerless）言葉（弱い言葉）」、そういう特徴を除いた

話し方を「社会的に立場の強い人の（powerful）言葉（強い言葉）」と２つに分けました。

　そして、男性に弱い言葉を話してもらったり、女性に強い言葉を話してもらったりいろんな組み合わせで証言をしてもらったのですが、聞いていて一番信頼が高い（説得力がある！）とされたのが、「強い言葉を話した女性」。一方、信頼度が低い（説得力がない！）と評価されたのが「弱い言葉を話した男性」だったのです。

　このことからわかるのは、たとえ同じ話をしていても、社会的な役割（この実験で言えば「男性は強い言葉で話すもの」、「女性は弱い言葉で話すもの」）とは違ったイメージの話し方をすると、よくも悪くも評価にギャップが起きるということです。

　男性は強い、というイメージなところを弱い言葉で話せば「ガッカリ」。女性は弱々しいというマイナスイメージなところをあえて強い言葉で話せば「意外とすごいじゃないか」。というように評価は変わります。

　声の高さでも同じような話があり、たとえば日本の女性は「高くて可愛い声」を出そうとしますが、欧米では「低めでセクシーな声」を出そうとします。

　それは、日本では可愛い人がモテる、欧米ではセクシーな人がモテる（そういう女性を求めている男性が多い）からで、そのために声の高さも自然と変えてしまっているのです。

　反対に、「声の高い人は男として見れない」と断言す

る女性もいるように、男性の声は低くてよく通る方が魅力的とされがちです（歌手などの場合は別ですが）。

日本の総理大臣のスピーチ

　言葉も自分に求められている役割を知ればどのように変えるべきか判断しやすくなります。

　たとえば日本の政治家は海外での印象が薄いと言われますが、それは、国際社会でどういう振る舞いをすると評価されるかわかっていない（わかっていても振る舞えない）からです。

　麻生元首相が 2008 年に行った国連総会での演説の最中、通訳の機械が故障してしまうというトラブルが起きました。そのとき、彼は慌てるどころか「これ、日本製じゃないよね？」とジョークを言って場をわかせました。

　トラブルに慌てず、さらに「日本製なら壊れなかったのに」とジョークにしつつ自分の国も同時に売り込んでしまう。海外では、こういう対応がリーダーとして評価されます。

　自分の責任や立場、場所をわきまえ、言葉を変えると信頼を得やすくなるのです。

　子どもに使う言葉、気の弱い部下に使う言葉、頭の固い上司に使う言葉、冠婚葬祭での言葉……「今求められている言葉は何だろうか？」と意識して使い分けてみましょう。

その場、その人によって
求められる言葉は違う

Check!
- [ ] ネットの俗語を日常でも使ってしまう
- [x] 業界用語を日常でも使ってしまう
- [ ] 相手の反応を考えていない

Episode
20 フグ田マスオ、そして サザエさん症候群

気が重い日曜 18：30 の謎（なぞ）

　日曜の夕食前後、『サザエさん』の主題歌とともに迫ってくる憂鬱（ゆううつ）……。「明日から仕事（学校）かぁ……」と、気が重くなった経験はないでしょうか？

　この症状は、俗に「サザエさん症候群」「ブルーマンデー症候群」などと呼ばれていますが、あの嫌な気持ちはどうすれば解消できるのでしょうか？

　その方法は、『サザエさん』本編に隠されています。

　磯野家（いその）には波平、フネ、カツオ、ワカメ、マスオ、サザエ、タラオの７人が一つ屋根の下で暮らしていますが、この家族の中で、一般的になんだかかわいそうなイメージがあるのが「マスオ」さんです。

「マスオさん現象」という言葉までつくられてしまいましたが、彼の名字は磯野ではなく、フグ田。磯野家の婿（むこ）養子ではなく、磯野家にフグ田家（マスオ、サザエ、タラオ）が同居している形なのです。

　マスオさんの設定については原作とテレビ版とでバラつきがあるようですが、簡単にプロフィールを見てみましょう。

　フグ田マスオ───大阪で生まれ育ち、地元の高校を卒業後、二浪して早稲田大学の商学部に入学。大学卒業

後は海山商事に入社し、サザエとお見合い結婚。タラオを授かる。現在 28 歳で係長を務める。妻サザエの家族と同居中。

　さて、こんなマスオさんは本当にかわいそうな人なのでしょうか?

マスオさんの人間関係

　マスオさんと聞いてまず思い浮かべるのが、家庭の中での肩身の狭さです。

　職場と家庭で顔を使い分けるばかりか、家庭の中でも気をつかわなければならない日々。「休まるときがないんじゃないか?」「ストレスで体を壊してしまうんじゃないか?」と思いがちですが、アニメを見るかぎり、マスオさんはそれなりに楽しそうに見えます。

　その要因としては、マスオさんは周囲の誰とでもいい関係を築いているからです。

　波平とは半分飲み友達のような関係ですし、フネもやさしく気づかってくれる、カツオやワカメには兄貴分として慕われ、息子のタラオには父として愛される……さらに、職場には公私ともに仲のいい穴子や、義理の従弟であるノリスケもいます。

　誰とでもほどほどのいい距離感があり、それぞれに気持ちのいい付き合いができている。

　かわいそうだと思われがちなマスオさんは、実はとても理想的な人間関係を築けているのです。

マスオさんの生き方は安らぎを得やすい

そこで冒頭の話に戻りますが、憂鬱な気持ちというのは安心感によって解消されます。

平成 19 年に行われた「国民生活白書」という調査の中に、「つながりが精神的やすらぎと生活の豊かさに及ぼす影響」という項目があるのですが、**"家族と一緒に過ごす時間が多い人ほど、ご近所さんと接したり職場に毎日出かけている人ほど心の安らぎを得やすい"** という結果が出ています。

つまり、家族と接する機会が多く、ご近所さんともよく接し、職場にも毎日通っている。すると、毎日満ち足りた気持ちで生活を送りやすいということです。

人は、人に触れることで刺激を得られ、また安らぎを得ることができます。

言い換えれば、より広い交遊関係を持っておくことで、安らぎを得る機会も増えやすくなるということです。

たとえ休みの日であっても「疲れた……今日は何もしたくない……」と家の中にこもって 1 日を過ごすのではなく、ちょっとでも人に会ってみることが大切です。

外に出る口実をつくり、たとえば美容院で美容師さんとちょっとした会話をするなど、人に触れてみてください。

人と会うことは、いい気晴らしになるはずです。

> *This episode tells...*

休日は枕（まくら）を捨てよ、町に出よう

Check!

- [ ] 休日は昼過ぎまでゴロゴロしてしまう
- [ ] そして気づけば夕方になる
- [ ] もともと、外に出る気もなかった

21 チームプレイは合コンの中で覚えればいい

死ぬほど合コンに行ってわかったこと

あなたは合コンに行ったことがあるでしょうか?

僕(イオタ)はかつて、年間100回ペースで合コンをしていたときがありました。ライフワークとして、世の中にはどういう人がいるのか調査をしていたのでした(本当です)。

チームプレイには信頼関係と協力が不可欠ですが、合コンは本当にいい修行の場になります。

自己紹介、席替え、仲間との連携で場を盛り上げ……会計後の連絡交換……。戦略性、心理性、コミュニケーション能力、先を読む力……と、合コンも決してバカにはできません。

自分のことは別の誰かに褒めさせる

たとえば意中の人に自分の印象を高めるには、「俺って仕事できるんだよ」「超男らしいんだよね〜」「私って本当性格美人でしょ」などとアピールしないといけませんが、自分で自分のことを褒めても場がしらけてしまいます。

そこで、そういうときは味方を使うのです。

「A君は結構後輩に慕われてるよね。面倒見いいから」

「さっきトイレで言ってたんだけど、Ａ君はＢさんのこと気に入ってるみたいだよ」なんていうふうに、褒めさせたり、さりげなく好意を伝えたりします。

「**ウィンザー効果**」と言って、**第三者の評価があると情報の信憑性が増す**とされています。家電製品や食事する場所を選ぶときにレビューや口コミを見てしまうのと同じ原理です。

たとえば、「よしお君、かっこいいね」と直接言われるよりも「3組の女の子たちがよしお君のことかっこいいって言ってたよ」と誰かに間接的に言われた方が「えっ、そうだったの？（……まんざらでもない）」と好意的に受け取られることが多くなります。

（なお、これは反対のことも言えて、面と向かって「嫌い」と言われるより、「1組の女の子はよしお君のこと嫌いなんだって」と人づてに聞くと、傷はより深くなります）。

チームの中での気配り

また、合コンはチームで動くのに欠かせない「気配り」を学ぶ場にもなります。

グラスの中身が減ってきたら「何か頼みますか？」と尋ねるような定番アクションが身につくだけでなく、何より"相手の関係性"に敏感になれるのです。

たとえば大学時代の先輩・後輩などで構成された男性グループは、女性をそっちのけで盛り上がる傾向があり

ます。

先輩：「お前は本当にダメなやつだなぁ」

後輩：「何言ってるんですかぁ、先輩だって……」

と、女性たちの知らないネタで（イチャイチャと）ははしゃいでしまうのです。

このような状況は「ホモソーシャル」と呼ばれ、男性同士は連帯関係を築きやすく、異性をそっちのけにしやすいとされています。

これを合コンでやられると「嫌だなぁ」と思う女性も多いようなのですが、そういう人には、「体育会系ごっこ」だと思って乗っかってみてください、とアドバイスしています。

先輩さんと話すときには後輩のことを「後輩君っていい子ですよね〜」と褒めてみる。

後輩君と話すときには「先輩さんのグラス空いてるけど、お酒頼む？」など、先輩を立てる。

たったそれだけのことですが、相手の男性たちは「この子は気がきくなぁ」と思ってくれるのです。

相手側に立った振る舞い（ここでは上下関係を意識した振る舞い）をしたことで「おっ、この子はわかってるな」と認められるようになるのです。

話し方や態度などから相手チームの関係性を見ながら、その価値観を尊重する。

合コンは、そういう人間関係の妙を学べる絶好の場なのです。

> *This episode tells...*

合コンを制す者、人間関係を制す

Check!

- [ ] 「僕は」「私は」と主張しがち
- [ ] 相手の価値観を尊重できない
- [ ] 定型の気配りしかできない

お見合い結婚の離婚率が低いわけ

恋愛結婚とお見合い結婚のその後

ここ何年か「熟年離婚」が社会問題になっています。

ところで、結婚にも「恋愛」と「お見合い」とがありますが、どちらが幸せなのでしょうか？

実はそういう統計があって、恋愛結婚は、結婚したときが幸せのピークで、あとは時間の経過とともに下がっていきます。

一方のお見合い結婚は、最初は低いものの、年々幸福度は上がっていき、結婚後５年もすると恋愛結婚を逆転することがわかりました。

実際に離婚率を見てみると、恋愛結婚では50％、お見合い結婚ではわずか５〜10％という結果が出ています。

その差はどこにあるのでしょうか？

時間の経過と人の相性

人は、出会った最初は**「類似性」**に目が行きます。休日の過ごし方や好きな歌手など、似ていること、共通していることがあると親しみを感じやすいのです。

しかし、関係が深まってくると大事になってくるのは類似性ではなく、**「相補性」**です。相補性とは、たとえば「自分は苦手だけど相手は得意なこと」「自分にはな

いけど相手が持っている特技や特徴」などのことです。

「夫は料理ができるが掃除は嫌い」「妻は掃除が好きだが料理は苦手」というように、お互いがお互いを補える相補性があると、いい関係を築きやすくなります。

　じゃあ、最初から相補性のある人を探せばいいじゃん、と思うのですが、相補性とは「自分とは違う」という意味でもあります。たとえば大学生になってテニスサークルに入る人と文芸サークルに入る人とでは、外見から趣味嗜好（しこう）から違う人種（であることが多いはず）です。

「ワオ、君の思慮深さと俺の行動力合わせたら最強タッグになっちゃうじゃん！」「……そ、そうだね……」なんていう、実はすごい相補性があるかもしれないのですが、第一印象では互いに「オタク！」「な、なんてチャラいんだ！」と相容（あいい）れないことが多いので、「あなたとの相補性に惹（ひ）かれました」とはなかなかならないのです。

「完全に一致」はあり得ない

　話を戻すと、離婚問題を研究している人いわく、「結婚生活をうまくいかせるには、パートナーとは違う部分があってあたりまえと思うことが必要」だそうです。

　ウィンチという心理学者が25組の夫婦を対象に面接調査をしました。すると、うまくいっている夫婦には「一方が支配的で、もう一方が服従的」（カカア天下や亭主関白の夫婦）、「一方が相手につくすのが好き、もう一方が甘えんぼう」のように「相補性」があったそうです。

　お見合い結婚の離婚率が低いというのは、この点です。

　お見合い結婚は、いい意味で「とりあえず暮らしてみよう」とあきらめがついた状態で生活がスタートします。そのため、**お互いの違いを相補性として意識しやすいのです。**

　一方、恋愛結婚では、「この人は最高のパートナー」という最初の期待値が高くなりがちです。だからこそ、だんだん生まれてくるささいな違いが許せなくなってしまいます。つまり、相補性に目がいきにくいのです。

　しかし、人と価値観が完全に同じということはありませんし、また、完全に違うということもめったにありません。

　人と人が付き合っていけば、必ずどこかに「類似性」もあるし、また、互いを補い合える「相補性」もあるのです。

　夫婦間に限らず、人間関係では「こうでなければならない！」という自分の価値観を人に押しつけず、自分と違うことがあったら、「へぇ、なるほどね〜」と感心してみて、じゃあどうやって解決していこうかと考えることが大事です。

　互いの価値観がぶつかったときに、「話し合う」のか、「見ないふりをする」のか、「殴り合う」のか。

　「価値観の違いを埋めるための価値観」が一致しているといい関係が続きやすくなります。

> *This episode tells...*

同じじゃなくても、いいじゃない

Check!　□ 最高の相性を求めてしまう
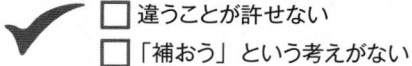　□ 違うことが許せない
　□ 「補おう」という考えがない

23 お見合いおばちゃんの誘導尋問

隣の芝生は限りなく青い

　僕（イオタ）の造語で「どっちにも行けたのに症候群」というのがあります。

　「あ〜、私もA子みたいに早く結婚しておけばよかったなぁ」と、30歳独身で大手企業の総合職で働くB子さん。「私もB子みたいにバリバリ働いてればなぁ」と、30歳専業主婦で子どものいるA子さん。どちらも今の状況が不幸というわけではないのですが、隣の芝生が青く見えてしまいます。

　「キャリアと腰掛け」「仕事と出産」「昇進とやりがい」の間で揺れ、「ああ、どっちも行けたのになぁ……」と比べてしまうのです。

カリスマおばちゃんの「決め」の質問

　お見合い結婚は恋愛結婚よりもだんだん幸福度が高くなるという話をしましたが、反対のことを言うと、お見合いは、最初は文句たらたらだということです。

　大抵は、「やっぱり最悪」「もう2度としない」などと不満が出てくるものだと言います。

　そのとき、数々のカップルを成立させてきた「カリスマ」と呼ばれるお見合いおばちゃんは「今日のお見合い

どうだった？」と聞くのではなく、こう質問するそうで
す。

「今日会った人、どこがよかった？」

「今日どうだった？」だと、「見た目が……」「話がつま
らない」となるのですが、「どこがよかった？」と聞か
れると強制的に相手のいいところを探そうとします。

「……まぁ、意外と冗談を言う人でおもしろかったけ
ど」

「……笑顔も少し可愛いような」

「……ご飯も美味しそうに食べてたかも」

というように、多少ムリにでもいいところを探そうと
すると、「あれ……意外と悪くなかったのかも？」と意
識が変わるのだそうです。

こういう効果を、社会学者のロバート・K・マートン
が**「自己成就予言」**と言っているのですが、これは
**「どんなことでも、『こういうことが起きる』と予言した
ことは現実になる」**ということです。

うさんくさい感じがするかもしれませんが、からくり
としては、「こうする」と宣言すること、「こうだ」と思
うことによって自分の意識が変わるので、行動も主体的
に変えられるようになるのだと言います。

（ちなみに、同じような効果で「目標を公言すると努力
するようになる」という「コミットメント効果」もあり
ます）。

経済番組とドキュメンタリー番組

　先日、「今、先進国がアフリカの開発に乗り出している」とテレビで特集が組まれていました。

　経済系の情報番組では「今、アフリカはチャンスです」とあおり、現地のビジネスマンが「どんな事業を展開しているのか」とインタビューを受けていました。

　一方、別のドキュメンタリー番組では「先進国がアフリカの開発を進めている裏で、開発地に住んでいたアフリカ人が住む場所を追われている」という特集をしていました。

　ものの見方は、立場を変えれば変わります。

　世の中にはいろんな人がいて、みんな同じということはまずありません。

　たとえば血液型占いというのは、本当は誰にでもあてはまるようなことがずらっと書いてあるだけなのですが、自分が「A型」であればA型の説明に「なるほど」と思って読み込んでしまいますし、「B型」ならB型の説明を食い入るように読んでしまいます。

　人の認識など実際にはその程度の勝手なものなのです。

　にも関わらず、「はいはい、あなたはこういう人ね」と一面だけで判断してしまうのはとても危険です。

　何ごとも別の視点から見てみることを心がけないといけません。人の悪いところばかり探そうとしてしまうと、その人はもう悪い人にしか見えなくなるのです。

This episode tells...

他人のことも自分のことも
いいところを探そう

Check!

- □ 隣の芝生が青く見えて仕方ない
- □ 人の話を理解しようと思っていない
- □ 得意技は「あら探し」と「毒舌」

24 「人見知り」 「空気が読めない」の治し方

コミュニケーションとは武道である

「人見知り」「空気が読めない」というのは対人関係でとても大きな悩みになります。

ですが、根本的には「人見知り」も「空気が読めない」も、治すのはとても簡単です。

その方法は、とにかく慣れなさい、ということです。

コミュニケーションというのは、武道の型を覚えることと同じです。

たとえば初対面の人と話していて、

A：「そういえば、この前草津に行ったんですけどね……」

B：「(すかさず) 旅行ですか、僕はもっぱら伊豆なんです」

と「話題泥棒」をしてしまうのは、「こういうときは『えっ、どうでした？』などとあいづちを打って相手の話を聞く」、という型を知らないからです。

いろんな人に会って、いろんな場に出て、「みんなどんなふうに話しているか」を観察してみて、いいと思った型を取り入れることが重要なのです。

コミュニケーションといっても、結局は勉強やスポーツと同じく慣れが大事なので、「俺なんかダメだよ」と

言っていたら、うまくなるわけがありません（逆に、ある程度までは「慣れ」でいけます）。

　だから、とにかく人に会いましょう……と、それだけでは話が終わってしまうので、もう少し具体的に見てみましょう。

会話を記憶ゲームだと思ってみる

　まず「人見知り」の場合、おすすめの克服方法は、**会話を「記憶ゲーム」だと思ってみることです。**

「自分はどう思われているだろうか？」「変なふうに思われていないだろうか？」ということに意識を向けず、相手の話で出てきた情報を全部覚えるようにします。

「名前」「趣味」「出身地」「子どもの名前」「奥さんと結婚して何年目か」などなど、個人情報の記憶を目的に会話をしてみるのです。

　すると、相手が誰であれその人の話を集中して聴くことができます。

　そして、次に会ったときに「あっ、そういえば今日、○○君（子どもの名前）の誕生日じゃないですか？」などと言えると最高です。

　これは、実は「空気を読む」ときも同じです。

　空気を読んだ立ち居振る舞いが苦手な人は、「何を言ったらいいんだ？」「空気を読むにはどうすれば？」と考えると余計に緊張してしまうので、相手の話をただ集中して聞く（場合によってはメモを取るなど）ことを意

識してみてください。

それだけですが、「そうか、この人は自分に興味を持ってくれているのか、嬉しいな」と思ってもらえます。「空気が読めていない」とは、言い換えれば「その言動は（周囲の思うアクションと）違う」ということ。

もっと言えば、「自分のことばっか考えてないでまわりに乗っかれよ」とか「自分のことばっかしゃべろうとしないで話聞けよ」とかいう意味にもなります。

だから、とにかく人の話を集中して聞く、ということが大事なのです。

内向的な人間は敗者なのか？

アメリカでは長年、「内向的な人は病気なんじゃないか？」とまで言われていました。

ところが、最近では「むしろ外向的な人というのは自分に自信がありすぎて決断を誤ってしまうケースがある、内向的な人間の方が思慮深くていい」という話も出てきています。

たとえば、かのビル・ゲイツも元々は内向的な人でした。しかし、経営者として人と接する訓練をするうちに、臆せず人と話せるようになったと言います。「自分は内向的だからダメ」などとは思わず、「人の気分を害さなきゃいいよね」くらいの気楽なスタンスでコミュニケーションを心がけてみてはいかがでしょうか。

This episode tells...

とりあえず、すぐにできることから
練習してみましょう

Check!
- ☐ 外交的でないとダメだと思っている
- ☐ そのため試合前からあきらめている
- ☐ 「何を話そうか」ばかり考えていないか

25 「何でわかってくれないの？」を克服する

若手へのコミュニケーションの不満ベスト３

　コミュニケーションが苦手な人でも得意な人でも、「なんか自分の話って伝わらないんだよなぁ……」ということが出てくると思います。自分としては十分伝えているはずなのに伝わらない……それはなぜでしょうか？

　僕（イオタ）の調査したところ、「上司に聞いた"最近の若手ビジネスマンのコミュニケーションへの不満ベスト３"」はこんな感じになりました。

　第１位　説明が冗長
　第２位　言葉が足りない
　第３位　話が飛ぶ

　３位の「話が飛ぶ」というのは、Ａの話をしていたと思ったら、いつの間にかＢやＣの話が出てきてぐちゃぐちゃになってしまうこと。

　２位の「言葉が足りない」というのは、「Ｄ社訪問してきました。ダメでした。以上」で終わらせてしまうので背景が全然わからない。

　１位の「説明が冗長」は、「何で遅刻したんだ？」と聞かれたときに「昨日夜遅くて、それでヤッベ早く寝な

きゃと思ったんですけど、友達から……」と、どうでも
いい情報を追加してきて結論が見えてこないことです。

すれ違いを起こさないための「協調の原理」

「最近の若者は……」という話になってしまいそうです
が、実は部下の立場としても上司に対して同じような不
満を持ったりしています。仕事だけでなく家庭の中でも、
パートナーに対して「話長いなぁ」「何言ってるかわか
んないなぁ」とイライラしてしまうこともあるでしょう。

　言語学者のグライスは「協調の原理」として、話すと
きの4原則をまとめました。

「量の公理」…情報の量は多すぎず少なすぎず、相手の
　　　　　　求めることだけを伝える
「質の公理」…嘘や確証のないことは言わない
「関連性の公理」…テーマと関係ないことは話さない
「様態の公理」…はっきり、簡潔に、きちんと順序立て
　　　　　　　　て話す

　という非常にシンプルな原則なのですが、「何が言い
たいのかわからない！」「伝えられない！」という状況
は、この4つのうちのどれかが欠けているからなのです。

相手の状況を察する訓練を

　この4つの原則を日常シーンに活かすためには、前提

として「今、何を話すことが求められているのか？」を頭に置くことです。たとえば恋人同士が話をしていて、

　彼女：「ねぇ、旅行行きたいね」彼氏：「いや、金ないし無理じゃね？」という彼氏の反応は０点です。そこは、

　彼氏：「そうだね、どこ行きたい？」彼女：「ハワイはベタかなぁ？」彼氏：「国内もいいよね」彼女：「あっ、久々に箱根？」彼氏：「いいね、ボーナス出たら行っちゃおうか？」

　というように、（たとえ行けないとしても）楽しい想像を共有したいという彼女の真意をくみとらないといけません。

　これは前項の「空気を読む」話につながってきますが、たとえば相手の「いつもとは違う」雰囲気（元気がない、怒っているなど）を察したり、「あっ、今声が高くなったからここは伝えたいことなんだな」と意図を感じ取ったりというのも、普段からの観察力がものを言います。

　相手の立場や状況、まわりの環境などを踏まえてコミュニケーションを取るようにすると、伝えたいことも伝わりやすくなるでしょう。

　独りよがりでは何も伝わらないのです。

This episode tells...

相手のことを考えて
話ができていますか?

Check!
- [ ] 話が長いのにオチがない
- [x] 相手と目を合わせずに話をしてしまう
- [ ] 相手の反応を見ながら話ができない

26 ツンデレとマインドコントロール

ツンデレについて説明します

いわゆる「ライトノベル」というジャンルに『俺の妹がこんなに可愛いわけがない』（電撃文庫）という本があります。

ツンケンした妹とその兄との兄妹関係を描いたコメディーなのですが、この兄妹の関係がよくありません。

学校から帰宅すると、妹がリビングで電話しているところだった。（中略）

「ただいま」

一応の礼儀として挨拶してみるが、返事がないどころか、こちらをチラリとも見やしない。

ところが、この状況が変わる事件が起こります。

あるとき、"妹の趣味がマニアックなジャンルのゲームだった"ということが発覚し、ここから妹の態度が少しずつ変わってくるのです。

たとえば兄が妹推薦のゲームをして、その感想を求められるというシーンがあります。ちょっとかいつまんで引用します。

　妹：「コンプリートしたの？」
　兄：「した」

　妹：「ふぅん……で？」
　兄：「ま、まあまあかな……結構面白かったぞ？」
　妹：「ふん、どういうところが？　具体的に言って」
　兄：「……夕日を背景に見つめ合うシーン」
　妹：「……ま、まぁ……ちょっとは分かってきたじゃ
　　　ない」

　最初は兄の挨拶にまったく反応もしなかった妹のちょっと心を開いた反応が、世にも有名な「ツンデレ」です。
　こうした男性向けの作品だけでなく、女性向けのボーイズラブの作品にも使われるのがツンデレです。なぜ人は、このツンデレに萌えてしまうのでしょうか？

ツンデレの正体

　女子大生 80 人を対象に行った「人への好意」に関する実験があります。
　女子大生には「ある実験のために"被験者Ａ"を騙したいので、そのアシスタントをして欲しい」と依頼するのですが、実はこの"被験者Ａ"はサクラです。
　女子大生とサクラとで会話のやりとりをさせ、会話の最中、サクラに「女子大生の印象（好き・嫌い）」を7回言ってもらいます。
　サクラの評価を受けて、果たして被験者はサクラに対してどんな印象を抱くかを調べました。
　サクラは4つのパターンで女子大生たちを評価します。

① 「好き→好き」（最初から最後まで好き）
② 「嫌い→好き」（最初は嫌いだったけど最後は好き）
③ 「好き→嫌い」（最初は好きだったけど最後は嫌い）
④ 「嫌い→嫌い」（最初から最後まで嫌い）

　このうち最も女子大生の印象がよかったのは、②のパターンでした。そして、1番印象が悪かったのが③だったのです（印象のいい順に②→①→④→③）。
「最初から最後まで好きって言われてる方が印象もいいだろう」と思いがちなのですが、実は、人の印象は「ずっと一緒」よりも「最初は悪かったけど（よかったけど）……」の方が大きな影響を与えやすいのです。

　こういう心の動きを「ゲインロス効果」と言って、これがツンデレの正体だと言われています。

　たとえば上司でもお客さんでも友達でも、とにかく無愛想で取っつきにくい……。

　しかし、こういう人が楽しそうな顔をしたり、やさしい言葉を投げかけてくれると「あれ、この人……実はすごくいい人なんじゃないの？」と感じます。

　これは「意外性」には事実の信憑性を高める効果があるからで、最初は無口な人が笑顔を見せてくれたり、よく話してくれるようになると喜びもひときわ大きなものとなります。最初の印象が悪い人ほど、仲良くなれたときの達成感は大きいのです。

「最初は冷たい（ツンツンしてる）けど……あとになっ
てやさしくなる（デレる）」だからこそ、ツンデレは人
の心をグッとつかんでしまいます。

本当は怖いツンデレの使い方

　実はこの効果はいろんなところで応用されていて、
「マインドコントロール」もその１つです。

　マインドコントロールの手順は①「その人の自我を揺
さぶり」②「自我を崩壊させて」③「再凍結」させます。

　たとえばマルチ商法でものを買わせるとき、ある種の
マインドコントロールが行われています。

　私（ホッタ）は何度かそういう集会に（調査目的で）
参加したことがあるのですが、まず、主催者は参加者を
合宿所のような場所に連れて行き、逃げられないように
隔離します。いつ解放されるかわからない不安の中、参
加者の１人をターゲットにして、すごい勢いで罵倒をは
じめます。

「お前はクズだ、最低だ」などと人格を否定して徹底的
に落としたあとに「でも頑張ろうよ！　俺たちがいるよ、
みんなもこの人を応援しようよ！」と主催者と他の参加
者が全員で応援をはじめます。もうこの時点で参加者は
みんな涙をボロボロこぼしています。

　長時間の拘束（①自我の揺さぶり）と激しい罵倒（②
崩壊）で弱っているところで、応援して「みんなでこの
健康器具を売ろう！」（③再凍結）という流れに持って

いくのです。

また、別の会ではこんな感じでした。

化粧品を売るための会だったのですが、参加者の女性の顔を見て「うわっ、あなたの肌ボロボロよ？　ちょっと、みんな見て」と仲間を呼びます。

仲間たちは「あっ、本当だ」「ひどい」などと言って、「でもね、この化粧水をつけると肌が本当に潤うのよ」と、商品を使わせます。

化粧水なので肌が潤うのはあたりまえなのですが、もう女性は正常な判断ができなくなっているので「あっ、本当だ！」と商品を買ってしまうのです。

新入社員の研修でも、大声を出させ（個人の目標や会社のスローガンを言わせるなど）、夜遅くまで理不尽なダメ出しをして、最後に「お前たち、よくやった！」と涙を流しながら絆を深めるというプログラムがあります。

これらも言わばゲインロス効果を利用しています。徹底的に落としたあとのフォローは効果抜群なのです。

たとえば女性が恋人にふられるなどして弱っているところを「俺が守ってやるよ」と優しい声をかけて落とそうとする男性がいます。

そこに悪意がなければいいのですが、「ツンデレ」は効果が大きい分、時に悪用もできてしまいます。

相手の術中にはまらないように注意してください。

悪意のあるツンデレに
騙されないように

Check!

- □ 人にツンケンされると心が折れる
- □ その人がデレたときの喜びを知らない
- □ 人をわざと追いつめることがある

27 人の心は透視できるのか？

人の「嘘を見抜く」確率

　人の嘘を見抜く方法を知っているでしょうか？

　科学の分野でもいろいろと研究されているのですが、これには諸説あります。

　たとえば、「口元や頬に頻繁に手をふれる」「ポケットに入れたり後ろで組んだりして手を隠そうとする」「頻繁に足を組む」「貧乏ゆすりをする」「（自然を装うために）うなずく回数が増える」「言葉に詰まる」「饒舌になる」「説明に尾ひれがつく」などが特徴として挙がっています。

　実際、アメリカのクリントン元大統領がモニカ・ルインスキーとの不倫釈明会見をしていたときは、普段の数倍まばたきをしていたことがわかりました。

　では、そんな特徴をもとに「人はどのくらいの確率で嘘を見破れるか？」と言うと、その正答率は基本的に65％を超えることはありません。

　たとえば、CIAなどの政府役人は67.5％、保安官は66.7％、臨床心理学者は62.1％、心理学者は57.7％という結果があるように人を見る専門家でも、「偶然（50％）よりもちょっと当たる」くらいの確率なのです。

経験が生む「確証バイアス」

同じような実験で、「嘘を見破るトレーニングを受けた人は能力が向上するのか?」という調査があります。

参加したのは学生とソーシャルワーカー（福祉に従事する人たち）と警官で、冒頭に挙げたような「人が嘘をつくときの特徴」を勉強してもらったのです。

すると結果は、予備知識ゼロの学生は確率が上がったものの、ソーシャルワーカーは変わらず、嘘を見破るのが本職の警官は逆に下がってしまう結果になりました。

専門家ほど訓練を受けると能力が落ちてしまいました。

面接官は意外と勝手な印象で人を選んでいるという話もしましたが、人はヘタに経験を積んでいると**「確証バイアス」**がかかりやすくなります。

確証バイアスとは、**先入観で人を見てしまう**ことです。

たとえば、「こいつは悪いやつだ」と思っていれば何をしても「裏があるんじゃないか?」と見えてきますし、「この人は優秀だ」と思っていれば、「履歴書の中に空白の時期がありますね。……○○さん、この期間はどんな有益なことをされていたんですか?」と結論ありきで話を進めてしまいます。

「きっとこうであるはずだ!」と都合のいい情報ばかり集めて人を判断してしまうのです。

プロ棋士と人間心理のプロの共通点

将棋のプロ棋士とアマチュアとを比べたとき、その違

いは「最適な一手」を導くまでのスピードだと言います。

　理化学研究所というところで、人間の脳がどんな仕組みでできているのかを調べるため、「プロ棋士はどんな思考プロセスで将棋を指しているのか？」という実験がいろいろな方法で行われています。

　たとえば、プロ棋士とアマチュア（初心者から上級者まで）を集め、全部で180問の「詰将棋」を解いてもらう実験を行いました。

　このとき、問題が表示される時間は1秒で、解答時間は2秒。「①飛車をどこに打つ」「②金をどこに打つ」「③歩をどこに打つ」などの選択肢プラス「④わからない」の4択で次々と出題していきます。解答後、まぐれの正解がなかったかを確認するために「自信はあったか？」「見覚えのある問題だったか？」という質問もしたそうです。

　この結果、プロの正答率は平均して70％だった一方、アマチュアの人たちの成績はさんざんだったといいます。

　この結果の違いはどこからくるかというと、それは「直感（直観）」です。直感といっても「当てずっぽう」でやっているわけではなく、「直感的情報処理能力」と言って、何千、何万と打ってきた経験をもとに「この場面ではこう打てばいい」と論理的な裏づけが一瞬でできるようになるのです。

　その「経験にもとづく直感」こそがプロとアマチュアの違いなのです。

　同じような話で、ポール・エクマンという表情と感情についての研究を長年してきた人がいます。彼は、顔の表情の微妙な動きから精神状態を分析しました。

　人間の「怒った顔」「悲しい顔」といった表情は世界共通で、「ああ、この人は怒ってるな」「悲しいんだな」と感情を読み取る仕組に差はないのだそうです。

　この事実をもとに、エクマン教授はありとあらゆる顔のデータを取り、人の感情を10数種類に分類しました。

　そして研究に研究を重ねた結果、100％に近い確率で嘘を見破れるようになったのだそうです。

　裏を返せば、人間の直感の精度は膨大なデータをもとに、かつ非常に長い時間をかけて研究や実践をしていかないかぎり、簡単に高まるものではありません。

　つまり、「人の嘘を見破るというのは、一朝一夕でできることではない」ということです。たとえ人事担当者、接客業、経営者、警察官や裁判官など、人と関わることの多い仕事をしていたとしても、よほどの経験がないかぎり「あっ、こいつはこういうタイプだね」という判断は当てになりません。

　下手な経験では人間を見抜くことはできない。

　であればむしろ、**我々がすべきなのは「人を見破る練習」よりも、「バイアスをかけずに人を見る練習」**なのです。

色メガネで人を見るな

Check!

- □ 嘘を見破るのは得意
- □ 人を見る目には自信がある
- □ 好き嫌いが激しい

第4章
人を本気にさせてみろ

28 人が本気になる条件

人をやる気にさせる４つのスイッチ

目標を掲げ、その目標を達成するためにチームを引っ張る。周囲のモチベーションを上げ、やる気を出してもらう。

人を本気にさせるためにもいろんな方法がありますが、そもそも、人が本気になるのはどんなときなのでしょうか？

脳の中に "淡蒼球（たんそうきゅう）" という場所があります。人がやる気を出しているときというのは、この淡蒼球から「モチベーション上がれ～」という信号が送られています。

しかし、脳の研究をされている池谷裕二（いけがやゆうじ）先生いわく、この淡蒼球は自分の意思で「信号出ろ！」「出てください！」と命令やお願いをしても決して出ないのだと言います。

淡蒼球を動かすには、４つのスイッチがあります。

① 「体を動かす」
② 「いつもと違うことをする」
③ 「ご褒美（ほうび）を与える」
④ 「なりきる」

　勉強でたとえてみると、①は、とにかく教科書を開くなりノートに何か書くなり、作業してみるということ。

　②は、家から図書館やカフェに移動してみる、右手でなく左手で書いてみるなど、環境や行動を変えること。

　③は、「あと1時間やったら漫画が読める」など、特典を用意すること。

　④は、自分は天才なんだと思い込む、などです。

　このいずれかの条件を満たすと、淡蒼球にスイッチが入ってやる気が生まれます。

特に大事な①のスイッチ

　私（ホッタ）の経験上、今挙げた4つのスイッチの中で特に重要なのは体を動かすことだと思っています。

　男子学生限定ですが、私は、ひどく落ち込んでいたり、ちょっと内気そうだなぁという学生を見かけると、半分無理矢理、空手の道場に連れて行くことがあります。

　そして「思いっきりやってみ」と、最初は型も何も教えず、とにかくミットを殴ったり蹴ったりしてもらいます。

「おっ、いいよ！」「ナイス！」「すごいじゃん、お前！」など、声をかけながらミットを打ち続けてもらうと、彼らに変化があらわれます。目つきが変わり、力の入り方が変わり、あきらかに闘争本能に火がついてくるのです。

　この道場研修を終えると、内気な子も明るくなり、そ

のまま空手にのめり込む子も出てきます。

　脳は頭がい骨の中に隠されています。そのため、いつも暗闇の中にいる脳に外の情報を上手に伝えるには"身体を動かす""五感を働かす" ことが重要なのです。

　空手の例で言えば、「こう打つと力が入るんだよ」と型から教えるのではなく、まずは思いっきりやってみて、ミットを打つときの感触や音、匂い、これらをリアルに感じることで脳が「空手っておもしろいじゃん」と、活性化してきます。

優秀な営業マンは早歩き

　全然やる気や興味のないことでも、とりあえず身体を動かしてみると思わず熱中してしまう。心理学では「作業興奮」とも呼ばれていますが、気乗りしなくても、とにかくやる。すると勝手にスイッチが入ってしまうのです。たとえば優秀な成績をあげられる営業マンは、「今日も営業かぁ……」とため息を吐いてちんたら歩くのではなく、大きな声を出して、歩くときは早歩きをして、とにかくキビキビ動くのだそうです。

　気乗りしないなぁ……そんなことを考えてしまう前に、身体を動かす。そうすると、嫌なことでも集中するためのスイッチが入るのです。

　ここでは、まずはガイダンスとして本気になる条件を考えてみましたが、次項からはどうすれば人をやる気にさせることができるのか、その方法を解説していきます。

> *This episode tells...*

とりあえず、やってみよう

Check!

- [ ] 何事も「やらない理由」を探しがち
- [ ] 「やる気がない」を言い訳にしている
- [ ] 気乗りしないとちんたら動いてしまう

29 お金で買える心、買えない心

お金とモチベーションの関係

　とある中小企業でエース営業マンとして活躍していた人が突然会社を辞めてしまいました。仕事にやりがいがなかったわけでも、社内の環境が悪かったからでもありません。理由は、「給与が上がらなかったから」です。

　かつて一世を風靡したIT企業の元社長が「お金で買えないモノはない」と言って物議をかもしていましたが、このようなケースを見てみると、たしかにお金がないと買えない心もあるのかもしれません。

　では、お金をあげれば人はついてくるかと言えば、実はそれにも限界があります。

　デシという学者があるブロックパズルを使った実験を行いました。被験者を2つのチームに分け、1つはパズルを解くとお金をもらえるAチーム、もう1つはパズルを解くだけで報酬なしのBチームです。

　それぞれ30分パズルを解いてもらったあと、実験の立会人が「今から8分間外に出ます。何をしていてもいいので待っていてください」と言って部屋を出ます。

　その間、何が起こるか？　という実験です。

　実験室には暇つぶしの新聞なども置いてあったのですが、結果は報酬のないBチームの大半がパズルを続け、

Aチームのメンバーはほとんどパズルをしなかったと言います。

　これは**「アンダーマイニング効果」**と言われていて、本当は楽しいはずのパズルが、お金をもらったことによって「楽しいから」ではなく、「お金がもらえるから」行うようになってしまったのです。**報酬の有無によって目的がすり替わってしまった**のです。

　人を動かそう、本気にさせようと思ったら、こうしたモチベーションに気をつかわないといけません。

2種類のモチベーションとバランス

　そもそも、モチベーションには「内発的モチベーション」と「外発的モチベーション」の2種類があります。

　内発的というのは、「その作業をするのがおもしろい、楽しい」と思う気持ち。外発的というのは「その作業をすることでお金や評価がもらえるから頑張る」ということです。

　大事なのは、このバランスです。

　「仕事の最高の報酬は次の仕事」という言葉があります。

　たとえばサッカーや野球の選手の中には、レギュラーではなく控えとして契約している選手がいます。

　極端なことを言えば、彼らはプレーをしなくてもお金をもらえる環境です。

　ところが、多くの選手はたとえ年俸が下がっても他のチームへ移ることや、二部リーグでレギュラーとしてプ

レーすることを選びます。

「お金がもらえればいい」というわけではなく、活躍できる場所を人は求めるのです。お金やご褒美^{ほうび}があれば人は動くかと言えば、決してそうではありません。

一方、とある女性誌に「ガッカリした上司の行動」という記事がありました。

"仕事で悩んでいるときに上司が「飯でも行こう」と誘ってくれて、いろいろと話を聞いてくれたはいいが……会計のときにきっちり領収書をもらっていた"。

そういうシーンを見ると、「なんだかなぁ……」と思ってしまうのだそうです。

会計を経費にしてしまったことで「本心からの行動」ではなく、「業務」的な印象を与えてしまう。

ほんの小さなことですが、それがモチベーションにつながっていきます。

つまり人を動かすには、**君には期待している、感謝している、心配している、という気持ちと、実際の行動や評価、報酬がともなっていないと難しい**ということです。

本人が心から「楽しい」「安心だ」と思ってもらえる環境をつくり、気持ちだけでなく、形としてがんばりをきちんと認める。そういうバランスのとれた仕組みが大事なのです。

お金だけでも
心だけでもいけない

Check!　

- ☐ ご褒美を与えればいいと思っている
- ☐ 人に対して身銭を切れない
- ☐ がんばりを認めてあげられない

30 アメアメアメアメアメ
ムチアメ

世代間ギャップは褒めあって埋めるべし

「最近の若者はダメだ！」「打たれ弱すぎる！」と嘆く世のビジネスマンや教育者の声をよく聞きます。

ただそれは今にはじまった話ではなく、たとえば古代エジプトのパピルスにも「最近の若者は……」と書かれていたという話があります。

いつの時代も上の人間は若い世代に不満を持つものです。

歳の離れた人たちがうまく付き合っていくには、お互いが努力してギャップを埋めていくことしかありません。

そこで大事なのが、褒めることです。

人間というのは、褒められるのが大好きです。なぜ褒められるのが好きかと言うと、人間が一番関心を持っているのは自分自身の評判だからです。

人は誰かに認められたい動物で、どんな立場でも年齢でも、自分自身のこと、自分が興味関心を持っていることを褒めてもらえれば嬉しいと感じます。そして、「認められた」という気持ちがさらなるやる気やモチベーションに変わります。

たとえば、「これホッチキスで止めといて」と頼まれたとき、「それくらい早くやれよ」と言われるのと、「い

つも丁寧で助かるよ」などと言ってもらえるのと、どちらがやる気になるでしょうか？

　このことは、自分が目下の立場にいても同じです。

　上司や目上の人に何かしてもらったときは、「教えてくれてありがとうございます！」「さすが〇〇さんですね！」という態度を見せた方が、彼らも「そうかそうか、よかった」と満足してくれます。

　人には**「教育本能」**というものがあると言われていて、人に何かを教えたとき、役に立っているという実感を得られると満足するのです。

ネガティブチェックとポジティブチェック

　では、具体的にはどんなふうにして褒めるといいのでしょうか？　王道は「〜してくれてありがとう」とそのつど褒めてあげること（そうすれば、「いつも見てるよ」というメッセージにもなります）ですが、もう1つ、ネガティブチェックをしないことが大切です。

　ネガティブチェックとは、「ここがダメ」「ここができていない」という、いわば「あら探し」のような評価方法です。

　相手からすれば「細かい」、「何をしても褒めてくれない」と不満がたまりやすくなってしまいます。

　そうではなく、「ここがいいね」「ここもいいね」と、できていることを褒める、ポジティブチェックをしてみてください。

ムチはアメで挟むべし

　一方、もしも「君ね、社会人として遅刻するっていうのは恥ずかしいことなんだよ？」と注意したいことがったときは闇雲（やみくも）にムチを与えてはいけません。

　ムチは、アメで挟む。とにかく褒めるのです。

「君はせっかく人あたりがよくて評判なのに、遅刻なんかで評価を落としたらもったいないよ？　部長も君には期待してるって言ってたしね」と、注意事項を褒め言葉で挟んでみると相手も受け止めやすくなるでしょう。

　あるいは、頼んだ仕事のやり直しをお願いしたいときは「企画書ありがとう。表もグラフも丁寧だし、この見出しのつけ方なんか、見やすさを考えてくれてるんだろ？　さっすが〇〇君だよね〜。ありがとう。あえて言うなら、ここのデータをこうするともっと説得力が出るんじゃないかと僕は思うんだけど、〇〇君はどう思う？」

　なんていうふうに、まずは褒めて、相手が自分の言葉を受け入れやすくなったところで、「自分はこう思うんだけど、君はどう思う？」と「自分は」と強調した上で質問形式にすると「否定された！」という印象はやわらぎます（もちろん、対上司にも使えます）。

　当然仕事に限った話ではなく、たとえばいい男女関係、夫婦関係を続けるにも褒めることは重要です。

　人と褒め合える関係をつくり、伸ばしあいましょう。

アメアメアメアメアメ、アメの嵐

Check!
- [ ] 人を褒めない
- [✓] 厳しさを愛だと思っている
- [ ] 厳しいだけでフォローをしない

31 仏様にあって、ナチスドイツになかったもの

服従関係はいつか壊れる

　人を動かそうとするとき、必ず出てくるのが「どうしてうまくいかないんだ？」「どうして自分の思うとおりに動いてくれないんだ？」という気持ちです。

　そのとき、多くの人は「コントロール（支配）」に走ろうとしてしまうのです。

　ナチスドイツのヒトラーは独裁政治の典型だと言われていますが、彼が行ったのは政敵をつぶし、反乱しようとした人は罰するという恐怖政治でした。しかし、だんだんと人がついて来られなくなり、最後には政権が崩壊してしまいました。

　これは一般的な企業でも同じです。

　たとえば、部下として優秀だった人が上司の立場になった途端、うまくいかなくなることがあります。

　自分のレベルが高いために人に要求するレベルも高く、できない部下に対しては「罵声（ばせい）を浴びせる」「追いつめる」などをしはじめ、結果、部署内に誰もいなくなってしまうというケースもあります。

尊敬を集める人は裏切られない

　一方、「何をしても怒らない人」を見たことがあるで

しょうか？　仕事でどれだけ迷惑をかけられても、お客様に何を言われても、プライベートで何があっても、決してそれを表に出さない「仏様」というあだ名がつくような上司。

そういう人を見ると、「すごい人だなぁ……」と思わず感心してしまいます。

そこまでされると簡単には逆らえませんし、「裏切れない」「この人なら応援したい」と信頼してしまうはずです。

そういう人はそもそも、人をコントロールしようとしません。ものごとが思いどおりにいかなかったら、「じゃあ、どうしようか」と冷静に次の一手を考えます。

でもそれは決して愛がないわけではなく、心の温度に緩急をつけるのがうまいのです。

信頼を寄せつつも、過度な期待をせず、むやみに腹を立てたりしない。だから人の信頼を集められるのです。

怒りの感情に負けない方法

では、ついカッとなってしまう感情は自分でコントロールできるものなのでしょうか？

怒るというのは小脳の働きで、トカゲも持っている機能です。つまり怒りとは動物的な本能なので、残念ながら基本的には自在にコントロールすることはできません。

ただし、それを表に出さない。あるいは、多少やわらげる方法はあります。

　怒るときは脳内からノルアドレナリンという脳内物質が大量に分泌（ぶんぴつ）されます。

　住職の小池 龍之介（りゅうのすけ）さんいわく、怒っているなぁと感じたときには騒がず、「あ、ノルアドレナリン出てるなぁ……出まくってるなぁ……」と静かに思うことで、怒りに飲みこまれないようにすることができるそうです。

　これは理に叶（かな）った話で、**人の脳は自分の取った行動を観察して、「そうか、自分はこう考えてるのか」と理解し、反映するようにできているのです。**

　そのため、怒ったときに怒鳴ったり、ものに当たったりすると、「自分はこんなに怒っているのか！」とより激しい怒りにのまれてしまいます。クレームを言っているうちにどんどん怒りが湧いてくるのがいい例でしょう。

　そもそも、人が怒るのは「自分が正しいのにどうして？」という思いが前提にあるために湧き上がってくるものです。自分の気持ちや価値観と現実とのギャップが起きたときに怒ってしまいます。

　そのときに、「本当に自分は正しいのか？」「自分の考えは独りよがりでないか？」と、ものごとを多角的に見られるかどうか、普段からその練習をしているかどうかで、仏様に近づけるか、ヒトラーになってしまうかが決まってしまうのです。

　とりあえず、怒りに任せず、ひと呼吸を置きましょう。

This episode tells...

怒りや恐怖で人は動かせない

Check!

- [ ] 人に要求するレベルが高すぎる
- [ ] イライラがそのまま言動に出る
- [ ] 人を思いどおりに動かそうとする

Episode 32 自信のないあの子を やる気にさせる方法

大学生の就職相談

　人にやる気を出してもらうには、本人の「自信」も大きく影響してきます。

　自分に自信のある人は何ごとにもポジティブに取り組めるのでやる気がありますし、反対に、自信のない人は「何をやってもダメだ」とあきらめがちです。

　「私なんて……」「俺なんて……」と心が冷めてしまっている彼らの心を温めて、やる気にさせるにはどうしたらいいでしょうか？

　僕（イオタ）は就職活動中の大学生にキャリアカウンセリングをすることがあります。

　そのとき、自分に自信のない学生の相談に乗るときは、彼らの成功体験を思い出してもらいます。

　たとえば「僕、ダメかもしれません」という学生には、「そんなことないって、昔こんなことなかった？」といった質問をして、過去の話を引き出すのです。

　質問をしていくうちに、「そういえば中学の頃こんなことがあったかもしれません」という話題が出てくると「えっ、すごいじゃんすごいじゃん！」と声をかけ、自信を取り戻してもらうきっかけをつくります。

　この例のように、周囲の人の力添えが人をいい方向に

変えることがあるのです。

本人の気づいていないことを気づかせる

このように、人に自信をつけさせるための秘訣（ひけつ）は「認識（Recognize）」と「実現（Realize）」です。

まずは「自分では気づいていないけど、実はこんなところがある」と本人が気づき（認識）、次に簡単な目標を設定して、小さくても確かな成功体験を積んでもらう（実現）。

もちろん、うまくいったら全力で褒める。それを繰り返す。そうする中で徐々に「あれ、意外と自分はダメじゃないのかも」「苦手と思ってたけど、案外楽しいな」と、ものごとの捉え方が変わっていくのです。

根気のいることですが、途中で投げ出してはいけません。赤ちゃんのハイハイを見守るようなイメージです。

ヘレン・ケラーと元バンドマン

有名な話で、ヘレン・ケラーの家庭教師をしていたサリバン先生の指導法があります。

サリバン先生は聴力と視力を失っていたヘレンに言葉を教えるため、ヘレンを井戸に連れて行き片手を水の噴出口の下に置き、もう一方の手に「water」というスペルを書きました。

これがきっかけでヘレンは「ものごとには名前があるんだ」ということを理解でき、はじめて知的な喜びを知

りました。

　私（ホッタ）も今でこそ研究者をしていますが、元々勉強は大嫌いでした。その苦手意識を変えてくれたのは、中学時代の恩師です。

　英語の授業で英作文を書いていたとき、私は「アイツはおもしろいやつ」という文を書きたかったのですが、「funny」という単語を知りません。

　そこで、必死に頭をふりしぼって「He is a happy guy.」と書いてみたところ、先生がものすごく褒めてくれたのです。

「おぉ、すごいな堀田！　お前は英語のセンスがあるなぁ！」そんな言葉が自信となり、英語を勉強する楽しさを教えてもらいました。

　余談ですが、私は研究者になる前、本気でプロになろうとバンド活動に明け暮れていました。

　ところがあるとき、プロで食べている人たちと自分たちとのレベルの差を目の当たりにし、音楽の道をあきらめ、アメリカへの留学を決めました。

　自分の中では結構な決断でしたが、それも英語が好きだったということがあったからです。

　それまで知らなかった新しい価値観に気づき、自信をつける。すると、人は新しいことにもチャレンジができます。

　それは、まわりの接し方次第なのです。

This episode tells...

気づかせることがやる気につながる

Check!

- [ ] 人は勝手に成長すると思っている
- [ ] 放ったらかすだけでケアがない
- [ ] 人を育てようという気持ちはあるか

33 家族みんなでモンスターハンター

共闘することで温度は高まる

　少年漫画や映画などには、かつて敵同士だった登場人物たちが一緒に協力する場面がよく出てきます。『ドラゴンボール』なんかは、その典型ですね。

　では、その場面はいつなのかと言うと、新たな「共通の敵」が出てきたときです。このままでは世界が……！　主人公が危ない……！　という場面で、以前は敵だった強力な助っ人があらわれる、共闘する。ここで、世の少年たちは「うぉーっ」と心を熱くするのですが、この図式は何もフィクションの世界の話だけではなく、現実でも同じです。

　たとえば、１つのチームの中にいるのにみんな見ている方向もやり方もバラバラ……というときは「共通の敵」をつくるとまとまりやすくなります。

　少し前、『モンスターハンター』というゲームが一大旋風を巻き起こしましたが、あのゲームは強力なモンスターを倒すためにより強力な武器をつくる、その武器をつくるためにモンスターを倒していく、というシンプルな内容です。

　しかしポイントは、互いの PSP を持ち寄れば、敵を１人ではなくみんなで倒せるということです。

　ある大学生が「家族でモンハンをやってみたら会話が増えた」と言っていましたが、共通の敵を一緒に倒そうとすると、必然的に心の温度が高まります。

　すると話題の軸ができ、コミュニケーションの量も増えるので、人間関係も良好になってくるのです。

　この共通の敵というのは、「目標」と言い換えることもできます。つまり、チームを1つにまとめるためには「何を目標に掲げるか」が大事なのです。

とある不良サラリーマンの話

　僕（イオタ）のサラリーマン時代の話をすると、とにかく社員としては不良でした。

　たとえば出版社に勤めていた頃、雑誌の編集はとても楽しかったのですが、文芸書の編集部に移った途端に「なんか楽しくないな……」と思ってしまいました。

　というのも、そのときの僕は自分中心で世界がまわっていたので、作家さんについて原稿をもらって、何となく原稿をチェックして……という作業が何のクリエイティビティーもないように思えて、全然やる気が出なかったのです。

　今なら「バカヤロウ」と叱りつけたいところですが、振り返ってみると、当時の僕には目標がありませんでした。「本をつくる」という仕事の目的はあるのですが、もっと先に、たとえば「100万部を目指そう！」という目標がなかったので、つまんないなぁと言いながら仕事

をしていたのだと思います。

バラバラだったグループを束ねた目標

　ところは変わって、先日、東北地方の野菜を物産展で売るというイベントがありました。

　思惑も年齢も違うたくさんの人がボランティアで集まったのですが、「被災地の人を応援したい」「会社でいい顔ができる」と、個々の目的はそれぞれ違いました。

　そこでリーダーは、どうすれば彼らをまとめられるだろう？　と考えました。その結果、「とにかく売上を上げて、500万円にしよう」という目標を設定したのです。

　目標を掲げた途端、バラバラだったメンバーも「じゃあ、そのためにはどうしよう？」とまとまり出して、最終的に目標売上も達成できました。

　目標を掲げるときには「売上500万円！」のように、「何を達成したら成功なのか」というできるだけ客観的なものごとや数値に落とし込むといいでしょう。

　僕（イオタ）のような不良サラリーマンも、「この本は10万部必達の本だから、営業と編集と広報とで連携するように！」という目標を掲げてもらえたら、あるいは「やってやるぞ！」という気持ちになっていたかもしれません……。

　だからと言って人のせいにしてはいけませんが、目標は大切だということです。

This episode tells...

共通の敵をつくり、
チームの中で共有しよう

Check!

- [ ] 仕事や生活の中に目標がない
- [ ] 目標が「がんばろう」などあいまい
- [ ] やる気にさせる目標を与えていない

Episode 34 ダチョウ倶楽部（クラブ）化する世界の中で 僕たちができること

「どうぞどうぞ」「いえいえ、どうぞどうぞ」……

チームで動いていくと、中には「ボーっとした人」が出てくるものです。

たとえば会議で積極的に参加しない人、仕事をしていても言われたこと以上やらない人など、心当たりはないでしょうか？

そうなってしまうのは、**「傍観者効果」**といって「俺なんていなくてもいいよね」「誰かがやってくれるでしょ」と思ってしまう集団心理が働くからです。

ダチョウ倶楽部の往年のギャグ「俺がやるよ」「いや、俺がやるよ」「じゃあ俺が……」「『どうぞどうぞ』」のような"人まかせ精神"はチームの効率を落としたり、思わぬ不和や、ときには最悪の結果を招いたりします。

傍観者は人命すら脅（おびや）かす

社会心理学者のジャニスによると、アメリカがベトナム戦争に介入したとき、当時のジョンソン政権はいろんな人に「ロクなことにならないからやめとけ」と警告されていたにもかかわらず、「大丈夫だよ」とまったく聞かなかったそうです。

しかし結果は、戦争には負け、大きな借金を残したあ

げく、戦地に大きな傷跡を残すというさんざんなもので
した。

　これは「集団思考」の典型で、4つの特徴があります。

①優れた頭脳と団結力を持ったメンバーが集まると
　楽観論が出てきやすい
②団結力が強いだけに、その場の空気を否定できな
　い
③どれだけ危険でも、「大きな成果が期待できる」と
　いう結論に達しやすい
④一方で、大きな成果よりも確実性を求める結論に
　達しやすい

「あいつが言うなら間違いないだろう」「変なことを言
って問題を起こしたくない」「空気を読もう」など……
みんなが傍観者になることで危険な選択をしてしまった
り、問題を見て見ぬふりをしてしまうのです。

当事者意識を持ってもらう方法

　Episode 18 に出てきた「役割性格」の説明で、人は役
割ができるとその役割に合った性格を身につけていくと
言いました。

　ということは、メンバーそれぞれに役割があれば、そ
の役割に沿った意識を持ってくれるとも言えるのです。

　私（ホッタ）はよくゼミの中で「スイーツ部長」とか

「アルバム委員長」とかゼミ生全員に何らかの役職をつけるようにしていますが、それだけで彼らの中に役割意識が生まれるものです。

たとえばスイーツ部長は自分からスイーツ・ツアーを企画してくれたり、アルバム委員長は自ら進んでチームを引っ張っていったり、頼まれずともその場に応じて動き出してくれます。

同じような例で、裁判員裁判の話があります。

裁判員裁判はモチベーションも年齢も性別も違う人たちが集まってくるのですが、最終的には全員が積極的に関わって、1つの結論を出さないとなりません。そこで裁判長は、裁判員全員に当事者意識を持ってもらうために、ある作業を与えます。

たとえば殺人事件の場合には「事件の再現」として、ロールプレイをしてもらうのです。

「このとき加害者は……」「いや、被害者は……」とあれこれ意見を出しあうので、雰囲気もよくなります。

結局、人が傍観者になってしまうのは「自分が何を言っても意味がない」という空気があるからです。

反論は認めない、上の意見には従え、という雰囲気があるとダチョウ倶楽部現象が起きやすくなります。

そうならないためには、「違う意見も受け止める」、「自由にアイデアを引き出す」といったオープンな空気を普段からつくっておくことが重要です。

This episode tells...

傍観者には組織を、社会を、そして世界を滅ぼす力がある

Check!
- [ ] 空気を読んで黙る
- [ ] 事なかれ主義
- [ ] 異論を認めない

35 結局、企業で最後に生き残る人たち

酸いも甘いも知りつくした "人たらし"

ある30代半ばのサラリーマンいわく、「一番仕事ができるのは、聞き上手だ。若い頃は何でも知っている人間が優秀だと思っていたけど、この歳になると人の意見を引き出してみんなで共有できる人がすごいと思えるようになってきた」そうです。

若いときは社会経験が少ないこともあり、とにかく「何でも1人でできる人間になろう」と思ってしまいます。

よく言えば「向上心」、悪く言えば「自己顕示欲」が強くなりがちなのです。

しかし、精神的に成熟した人、たとえば大きな会社で役員を務めるような人の多くは「えっ、何それ、教えて下さいよ」と、相手が年下だろうが何だろうが関係なく言える腰の低さがあります。

まさに人の意見を上手に引き出すのがうまいのです。

聞かれた方も嬉しいですから、「それはですね……」なんて饒舌に語りだし、話を聞いてもらえたことがまたモチベーションになったりします。

女たらしならぬ "人たらし" というか、その辺のバランスが絶妙なのです。

抜けてるくらいが取っつきやすい

　スポーツの世界もビジネスの世界も、優秀なプレイヤーが必ずしもいいコーチや監督になれるかと言えば、そうではありません。往々にしていいプレイヤーだった人は職人気質なところや天才的なセンスがあるので、指導者の立場にまわると、妥協を許さなかったり、言葉でうまく説明できなかったりします。

　そうなると、ついていける人がいなくなってしまうのです。

　漫画「島耕作」シリーズ（講談社）の主人公島耕作は課長からはじまり、ついに会長まで出世しました。

　が、彼は仕事がズバ抜けてできるかと言ったらそういうわけではありません。

　何度もピンチに陥って、そのたびに付き合っている女性に助けてもらうというヒーロー性はゼロの出世方法なのです。

　ただ、現実の世界を見てみても、人望を集めるのは島耕作のようなちょっとスキのある人だったりします。

　仕事でもプライベートでも、**自己開示が上手な人は自分のマイナス面をうまく表現しますが、それは弱みを見せることで相手との距離を縮められるからです。**

　『ワンピース』作者の尾田栄一郎氏がコミックスの中で「なぜルフィはとても弱そうなゴムの能力者にしたのでしょうか？」という読者の質問に、「答えは簡単です。

一番ふざけた能力を選んだのです」と答えています。
"かっこよくて完璧な主人公ではなく、どんな場面でも
ふざけてくれる主人公だったから、長く付き合うことが
できている"。やはり、少し抜けているくらいが取っつ
きやすいということでしょう。

プライドと完璧主義

　人はつい「理想の上司」、「理想の親」、「理想の部下」
といった完璧なイメージを描こうとしてしまいます。
　たとえば男性の場合、「上司とは感情を見せず、的確
な指示を出して部下を従わせるものだ」というイメージ
を抱きがちですが、そうではありません。
　感情を見せられない、本音を言えないというのは部下
に対して臆病になっているからです。
「自分は上司だ」というプライドや、「裏で何を言われ
るかわからない」といった不安が邪魔をしています。
　しかし、冒頭に紹介した"人たらし"の例を見てみて
も、最終的に組織の中で勝ち残る人というのは「自分ら
しさ」にいい意味でも悪い意味でもこだわらない人です。
　何度もお伝えしてきたことですが、自分というのは役
割や環境によってどんどん変わっていくものです。変な
プライドを持たず、どうしたら人が自分と接しやすくな
るか、相手の視点で考えてみてください。「自分」とい
う殻に閉じこもるのは誰のためにもなりません。

This episode tells...

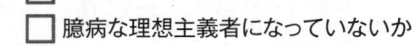

スキのない上司　スキのある上司

私語は慎みたまえ

今日は終わりにしてぱーっとやろ

おなかすいちゃったよ

つまらないプライドが
人を臆病にする

Check!

- [ ] 人にスキを見せられない
- [ ] 自分を変えることを受け入れられない
- [ ] 臆病な理想主義者になっていないか

36 いい子を育てようとするとひねくれる

挑戦を続けた子どもたち、守りに入った子どもたち

　小学生を対象に行われたこんな実験があります。

　ニューヨーク市内の複数の小学校で、計400人の生徒にあるテスト（パズル）を解いてもらい、その点数を伝えるときに、チームを2つに分けました。

「君は頭がいいね」と「賢さ」を褒めたAチーム。

「一生懸命やってくれたね」と「努力」を褒めたBチーム。

　この後、さらにテストをやってもらうのですが、その際に

　①「前回と同じレベルの問題」②「前回より難しいが、とても勉強になる問題」の2種類を用意し、好きな方を選んでもらうようにしました。

　このとき、Aチームの生徒の多くは①の問題を選び、Bチームの生徒の多くは②の難しい問題を選んだのです。

　この実験はさらに続き、次はそれまでよりもはるかに難易度の高いテストを受けてもらいました。

　このテストの結果を伝えるときに、「自分よりも点数の低い人」と「自分よりも点数の高い人」のどちらかの解答用紙を選ばせ、見せることにしたのです。

　すると、Aチームの生徒の多くは「自分より点数の低

い人」の解答用紙を選び、Bチームの生徒の多くは「自分よりも点数の高い人」の解答用紙を選びました。

　そうしたプロセスを経て、最後は、最初に解いた問題と同じレベルの問題を全員にやってもらいます。

　その結果は……Bチームの生徒の平均点はプラス30％で、Aチームの生徒たちの平均点はマイナス20％となりました。

「一生懸命さ」を褒められた子どもは失うものがなかったので前向きに挑戦できたのですが、「賢さ」を褒めたことで子どもは「自分は賢くなきゃいけないんだ」と、失敗を恐れるようになってしまったのです。

「そのおもちゃで遊んだらいけない」

　もう一つ、子どもを対象にしたユニークな実験があります。

　4歳児に5種類のおもちゃを与えて好きに遊ばせたあと、5種類のおもちゃの「好きな順」を決めてもらいます。その後、実験者が「今から10分外に出るけど、2番目に好きなおもちゃで遊んではいけないよ」と伝えて外に出ます。

　このときグループを3つに分け、1つはそのおもちゃを取り上げてから出るAチーム。「そのおもちゃで遊んだら罰を与えるよ」と脅してから出るBチーム。「そのおもちゃで遊んだら怒るかもしれないよ」と軽く脅してから出るCチーム。

　そして、10分後に再び5種類のおもちゃで遊んでもらい、再び「好きな順」を決めてもらうのですが、AチームとBチームの大半の子が「2番目に好きなおもちゃ」を1番好きなおもちゃにランクアップさせました。
　一方Cチームでは、2番目に好きなおもちゃの順位は変わらないか、もしくは低くなることが多くなったのです。

人が反発してしまう理由

　この2つの実験からわかるのは、過剰な期待や、過剰な押しつけはその人の可能性を奪ってしまうということ。
「心理的リアクタンス」といって、人は高圧的な説得などで自由を奪われると、自由を取り戻そうとして、言われたことと逆のことをしようとします。
　どんな親でも子どもには「いい子に育ってほしい」と願うものですが、「いい子」のモノサシは親にとっての「いい子」になりがちです。
「自分の言うことを聞いてくれる子」、「いい大学に入って、有名な企業に入ってくれる子」……しかしそうすると、子は親の期待に過度に応えようとしたり（それに耐えられなくなってグレたり）、ひねくれて反発しやすくなってしまうのです。
　人を育てるためには、自分のモノサシで強制的に当てはめようとしてはいけません。
　それは、育てる側のエゴなのです。

誰だって「自分の思うように生きたい」ものだ

Check!

- [ ] 人の失敗をしつこく非難する
- [x] あれはダメ、これはダメと禁止が多い
- [ ] 「都合のいい子」を育てようとする

Episode
37 安西先生という生き方

時代に合った指導法とは？

　僕（イオタ）や私（ホッタ）の生まれ育った時代というのはスパルタ教育が当然の世界でした。

　親からも先生からも怒られるときは問答無用でぶたれましたし、少しでも反抗しようとすれば「バカヤロウ！」と一蹴されるような教育です。

　しかし、それはもう昔の話です。

　Episode 30「アメアメアメアメムチアメ」のところでも言ったように、「褒める」ことが今のマネジメントや教育のスタイルだと考えています。

「自分もスパルタで育ったから部下や子どもにもスパルタで育てよう」「そういう会社の文化なんだから」というのは基本的にエゴであり、押しつけです。

　本当なら、「自分はこうされて嫌だったから、下の人にはこうしてあげよう」と反面教師にするのが信頼を集める指導者でしょう。

　どうすればそのように人に接することができるでしょうか？

安西先生と谷沢

　再び『スラムダンク』の話になって恐縮ですが、作品

の中に安西光義、通称安西先生というキャラクターが出てきます。

バスケ部の監督で、見た目は太った白髪のおじさん。

性格も温厚ですが、監督としては一目置かれる眼力と手腕のある人物です。

しかし、彼は昔から温厚だったわけではありません。

かつては大学のバスケ部で監督をしており、すこぶる厳しい指導で有名でした。

大学時代、安西先生のもとには谷沢というスター候補の選手がいたのですが、谷沢は才能はあるものの、体力や精神力といった基礎力がほとんどついていなかったのです。

それを見抜いた安西先生は基礎力をつけるために谷沢に厳しい指導をします。

しかし、「走れ」「もう１回走れ」「文句を言ったらもう１回走れ」という指導の意図が谷沢にはわかりません。それに反発した谷沢は結局、独断で、しかも黙ってアメリカに旅立ちます。

すると案の定、谷沢はアメリカで伸び悩み……ついには道半ばで事故死してしまいます。

この事件がきっかけとなり、安西先生は指導スタイルを変えることになったのです。

「我」を超えて安西先生は進化した

厳しいときの安西先生は、指導者としての"我"が非

常に強く出ていました。

「日本一の選手を育てたい」「何とか成長してほしい」という自分の思いが強すぎて、谷沢の気持ちにまで気を配れていませんでした。

谷沢からすれば、安西先生の「走れ」「もっと走れ」「文句を言ったらもう1回走れ」という指導は理不尽で意味不明なスパルタ教育だったのでしょう。

過去、スパルタ教育が日本で成立していたのは日本全体がスパルタ教育だったからです。**「みんながそうだから」だと、疑問も不満も生まれません。**

しかし、そうではない環境で同じことをすると、「他の家、他の学校では違うのに自分だけ厳しい仕打ちを受けている」と不公平感が生まれてしまいます。すると反発される、卑屈になる、言うことを聞いてもらえなくなるのです。

一方、高校で桜木たちを指導する安西先生も口数は決して多くはありませんが、要所で選手たちの意識を変える言葉を投げかけています。

たとえば、「アメリカに行こうと思っています」と相談をしてきた流川に対しては「とりあえず、君は日本一の高校生になりなさい」と、わかりやすい目標を与えました。

この目標が流川の意識を変え、プレーまで変えることになります。単に「ダメだ」ではなく別の目標に置き換えられるようになったのも、安西先生が自分視点ではな

く相手の視点で考えられるようになったからでしょう。

　決して怒らず、決して多くを求めず、しかしチームメンバーたちに信頼を置き、という指導者としての新しいスタイルを完成させました。

反発を招かない叱り方

　とは言え、「完全に叱らないのなんて不可能だ」という意見もあると思います。

　行動科学という分野では、人を効果的に褒める、叱るためには**「何を褒めているのか」「何に対して叱っているのか」**と、行動にフォーカスを当てることだと言います。

　たとえば、挨拶の声が小さい人に「お前はダメなやつだ」と言ってはいけません。「もっと腹筋を使って声を出してみなさい」と、人格や性格ではなく、焦点を行動に置くのです。

　また、「理不尽だ」と思われないためには一時の気分で怒ったり褒めたりするのではなく、**「この人にはこれをすると怒られる」**と一貫した姿勢を示すことも必要でしょう。

　安西先生のように、人は人を教えていくことで成長をしていきます。

　教える側の人間として一段高みに登っていくには、我を消して、その人を成長させるにはどうしたらいいかを第一に考えることです。

人を教えることで人は進化する

Check!

- [ ] お気に入りの人とそうでない人をつくる
- [ ] 自分の受けた苦行を人にも強制する
- [ ] 叱るタイミングやポイントがいつも違う

第5章
打たれ強くなれ

38 人の心を支えるもの

ネガティブでも興奮状態でもいけない

　アスリートが競技で活躍するために大切なものは何でしょうか？　身体能力、技術、才能、運などさまざまありますが、忘れてならないのはメンタルの強さです。

　たとえば劣勢に立たされたときや、「ここで決めなければ」という場面で結果を残せる人とそうでない人の違いは何でしょうか？

　プレッシャーに弱い人というのは、基本的に「悪い想像」をしがちです。「ここでミスったらどうしよう」「ここで外してしまったら……」と、できなかったときのことをイメージしてばかりなので、目の前に集中できません。

　だからと言って、「絶対打つ」、「自分が決める」という意識が強すぎるのも問題で、こういうときは脳からアドレナリンが出ている状態です。

　アドレナリンというのは興奮物質なので、やっぱりいつもの冷静な自分を出せなくなってしまいます。

　ナーバスにならず、興奮状態にならず、普段どおりのパフォーマンスを発揮する。そのために必要なのはどんなことなのでしょうか？

すべてのアスリートに共通していること

「ヒーローインタビューに答える選手たちはどうしてみんな、『チームが勝ったことが嬉しいです』と答えるのだろう？」と不思議に思ったことはないでしょうか？

たとえば、ノーヒットノーランを達成した選手が「今のお気持ちは？」と聞かれたとき、間違っても「僕には才能があるし、常に努力してますから当然の結果です」とは言いません。

競技の種類に拘わらず、どんなアスリートも例外なく「まわりの人への感謝」を口にします。

実際、金本知憲選手（現・阪神監督）はある年、年俸の上がった分をサポートしてくれているスタッフやトレーナーに分け与えたそうです。これはなにもきれいごとではなく、彼らアスリートは自分の活躍を応援してくれる人を増やせば増やすほど、自分のパフォーマンスが上がることを経験的に知っているからなのでしょう。

つまり**強いメンタルに必要なのは、自分の努力や才能だけでなく、自分を支えてくれる人の存在なのです。**

ブラックエンジンとホワイトエンジン

人のモチベーションの源には「ブラックエンジン」「ホワイトエンジン」の2種類があります。

ブラックエンジンとは、たとえば「ここで仕事を辞めたら家族を養えない」という**恐れやプレッシャーによる動機**のことで、一方の**ホワイトエンジン**とは、「家族を

幸せにするために働こう！」というような**プラスの動機**です。

「失敗したら……」「ここで絶対打つんだ……」というのはブラックエンジンですが、「まわりへの感謝」「誰かのため」というのはホワイトエンジンです。

　たとえば仕事にしてもプライベートにしても、「上にあがってやる」「ここで結果を出せばヒーローだ」「自分さえよければいい」と自分の都合を優先してしまうと、余計なプレッシャーを抱えたり、傲慢になったりします。すると、知らず知らずのうちに敵をつくったりするのです。

　結局、ブラックエンジンだけではどこかでつまずいてしまいます。自分が仕事に集中しているときに、家で子どもの面倒を見てくれている人がいる、自分が経理の仕事をしているときに、営業の人が売上を立ててくれている。だからこそ、チームというのはうまくまわっているのです。

　支えてくれる誰かがいる、と思うことが自分を冷静にさせ、「１人じゃないんだ」という安心感を与えてくれます。

　自分がミスしてもカバーしてくれる人がいる、自分の苦手なことは他の人に手伝ってもらう。人の苦手なところは自分が補ってあげる。

　そんな「共生」の意識が他人との信頼関係を築き、最終的に自分のメンタルを支えてくれる武器になるのです。

1人の力などたかが知れている

Check!

- 何でも自分でやろうとする
- 人に頼ることができない
- ありがとうと言うのが小っ恥ずかしい

39 たたかう、まほう、まもる、アイテム、にげる

恋愛ゲームと選択肢

『ときめきメモリアル』や『ラブプラス』といった、「恋愛シミュレーションゲーム」というジャンルのゲームがあります。プレイヤーには複数の選択肢（たとえばデートの場所を「水族館」「映画館」「公園」のうちどれにするかなど）が与えられて、その選択次第で女の子たちとの関係が変わっていきます。

そうして進めていくうちに、いろんな女の子との恋愛を擬似体験できるのです。

では、『ときめきメモリアル』や『ラブプラス』で恋愛ができるようになった人は現実でも同じように上手に恋愛ができるでしょうか？

というと、残念ながらそうもいきません。

ゲームというのは主人公と女の子がくっつく前提で都合よくできているというのもありますが、もう一つの要因としては、現実では最初からわかりやすい選択肢が与えられていることなどほとんどないからです。

たとえばデートの誘い方も、ゲームの中なら３つくらいの選択肢から選ぶことができますが、実生活の中ではすべて自分で考え出さないとなりません。

ある程度の選択肢が与えられていれば、「この選択肢

の場合、相手はきっとこんな反応をするだろうな」と一歩先の予想もつきますが、「何でもできる」と言われた途端にどうしていいかまったくわからなくなってしまうのです。

「決定回避の法則」と「現状維持の法則」

コロンビア大学のシーナ・アイエンガー教授は『選択の科学』（文藝春秋）という本の中で、こんな事例を紹介していました。

スーパーでジャムを販売するとき、試食の数を6種類と24種類とで分けたら売上はどう変わるか？ という実験を行ったそうです。

何となく試食の数が多い方が売れるような気がしますが、結果としては24種類よりも6種類のときの方が売上はよかったのです。

「決定回避の法則」と「現状維持の法則」と呼ばれる法則があるのですが、

・人は選択肢が多すぎるとかえって選べなくなってしまう（「**決定回避の法則**」）

・そして、いつもなじみのあるものを選んでしまう（「**現状維持の法則**」）

のだと言います。

たとえば、はじめて入った居酒屋が100種類のメニューを揃えていたとしても、食べたことのないメニューを避け、選んでしまうのはどこの居酒屋でも食べられる枝

豆だったり厚焼き玉子だったりするのです。

　（ちなみに立場を変えて考えてみると、人に選択肢を与えるときは３〜５個くらいにすると相手も選びやすくなるということです。子どもや部下などには「自分で考えろ」ではなく、「『これとこれとこれ』があるけど、どれがいいと思う？」と聞いてみるといいでしょう）。

「インパクトバイアス」と「後知恵バイアス」

　ビジネスマンや学者など、各分野の専門家が集まってプレゼンをする「TED」というアメリカの講演会があるのですが、その中で心理学者のダニエル・ギルバート氏がこんなことを言っていました。

「宝くじで３億円当たった人と、事故で下半身麻痺になってしまった患者、１年後の幸福度はどちらが高いでしょうか？」

　答えとしては、「どちらも変わらない」そうです。

　つい「いきなり下半身麻痺になったら不幸に感じているに違いない」と思ってしまいますが、それは**「インパクトバイアス」**と言って、人は「きっと不幸になるんじゃないか？」「失敗するんじゃないか？」「不自由になるんじゃないか？」という**ネガティブなことを過剰に想像する傾向がある**からです。

　そうすることで危険を事前に回避できるのですが、一方で慎重になりすぎてしまうことがあるのです。

　ところが、実際に「下半身麻痺」のような出来事を体

験すると人は**「後知恵バイアス」**と言って、「この経験は自分にとって必要なことだったんだ」と、その必然性を評価する傾向があるとされています。

　まわりから見れば不幸なことでも、実際その身になってみると「まぁ、あれもいい経験だったよ」と決して強がりではなく、本心から言えるようになる。

　そういう心の働きがあるのです。

やらない後悔よりやる後悔

　私（ホッタ）の堀田ゼミでは、「飲みの席には這ってでも行け」という教訓とともに、もう1つ必ず学生たちに伝えていることがあります。

　それが、**「あとでやろうはバカヤロウ」**という言葉です。

　人は、失敗することを恐れてさぼったり、あとまわしにして結局やらなかったりしてしまいます。

　しかし長い目で見れば、人が後悔するのは失敗したときではありません。

　40代以上の人に「後悔していることはありますか？」という趣旨のアンケートを取ると、後悔する対象のほとんどが「やったこと」より「やらなかったこと」になるそうです。

　『選択の科学』の中で、シーナ教授はこんな事例も紹介していました。

　それは、「動物園で生まれ育った動物は野生動物に比

べてはるかに寿命が短い」という例です。

たとえば野生のアフリカゾウの平均寿命は 56 歳ですが、動物園のアフリカゾウの平均寿命は 17 歳だと言います。

エサも用意され、住む場所も確保され、外敵の危険もない。そんな整った環境にも拘（かか）わらず、「与えられた選択肢」の中だけで生きるのは大きな負荷がかかるのです。

幸い、我々の生活は動物園のように閉鎖されているわけではなく、付き合う人も選べるし、食べるものも働き方も何でも選ぶことができます。

その中でのちのち後悔しないで生きようと思ったら、大切なことは「今できることは今やっておく」こと。これにつきるでしょう。

誘われた飲み会にはとりあえず行ってみる、メールや LINE はすぐ返す、部下のもの言いが気になったら「あとで」ではなくその場で注意してみる、おもしろそうな本があったらとりあえず買ってみる。と、そんなところからで十分だと思います。

まずは選択肢をつくってみる、その選択肢は自分で決める、決めたら先延ばしにしない、それが大事なことなのです。

頭の中でいくらシミュレーションしてみても、決してわからないことがあります。

> *This episode tells...*

「あとでやろう」は「バカヤロウ」

Check!

- [ ] 「何がいい?」と相手にゆだねてしまう
- [ ] 「何でもいいよ」と答えてしまう
- [ ] そのくせ、何でもよくないことが多い

40 欲求不満とネット炎上

ツイッターは社会の縮図だ

　ツイッターを眺めていると、冷や冷やすることがたまにあります。たとえば自分の勤め先のことを「ブラック企業」と言ってみたり、過去のワル自慢をしてみたり、特定の人を名指しで攻撃してみたり。「これ、人に見られて大丈夫なのか？」というツイートです。

　実際、未成年での飲酒を告白したことでツイッターが「炎上」し、ミクシィのアカウントまで見つかって、ついには家の場所まで特定されてしまうというおそろしいことも起きたりしています。

　「これを言ったら人はどう思うか？」「社会的にアウトかセーフか？」という、他者の目線を考えていないつぶやきが多いように思います。

　また一方で、そうしたつぶやきを見て「炎上」させてしまう心理。個人を特定するまで血眼になってしまう心理はどこにあるのでしょうか？　自分のことを必要以上に語りたくなってしまうのと、それを攻撃してしまう心理。

　実は、大本をたどると同じところに行きつきます。

不満を解消するはけ口

　「防衛機制」 と言って、人は不満を感じると、それを解消するためにいくつかの行動に移すと言われています。

　代表的な例を挙げると、

抑圧　　　嫌な記憶、不快な思いを「なかったこと」にする。

同一化　　優れた人、社会的に認められている人になりきる。小説や映画を主人公になったつもりで観賞するなど。

摂取　　　「私、○○君（芸能人などの有名人）と友だちだよ」「うちの子どもは優秀なんです」などと披露することで自尊心を満たす。

投影　　　自分の欠点や感情などを人に転嫁する。「自分が嫌いなんじゃなくて、相手が自分のことを嫌いなんだ」と思うなど。

反動形成　相手のことが苦手にも拘わらず、その気持ちを否定するために過剰に持ち上げるなど、正反対のことをする。

退行　　　家族や恋人に甘え出す。

置き換え　不満の矛先を別のところに向けて解消しようとする。八つ当たりなど。

攻撃　　　精神的、物理的に人を傷つけようとする。

昇華　　　スポーツや趣味などに打ち込む。

合理化　　言い訳や責任転嫁をして自分の行為を正当化する。

逃避　　　「仕事を休む」「ネットに浸る」など、現実の
　　　　　　　不満から身を守る。

　などがあります。

　じゃあ、こうした行動が出てくるのはダメな人間なの
か？　社会的に許されないことなのか？　というと、そ
ういうわけではありません。防衛機制というのはあくま
でも、「自分を守るためにそういう心の働きがある」と
いうことで、むしろ正常な動きです。

　ただし、その程度がはなはだしいと、自分自身もまた
それに巻き込まれた人も息苦しくなってしまうでしょう。

不満の大本はどこにある？

　では、こうした防衛機制を起こさずに不満を解消する
方法はないのでしょうか？

　それは、"現実を受け止める"ことしかありません。

　結局、不満が起こってしまうのは、自分自身に対する
要求が高い、「"本当の自分"はこうあるべきだ」という
理想が高いからです。あるいは、「人はこうあるべきだ」
という他人に求めるレベルが高すぎるのです。

「**いったい、自分は何が不満なんだろう？**」

　その不満の大本を見つけて、「そこまで怒ることなの
か？」「どうしたら人に認められるのか？」「何かできる
ことはないか？」と、少しずつでも考えてみてください。

　不満のはけ口をそのつど求めてしまうと、不満にのま
れてしまいます。

This episode tells...

現実を受け止めよう
不満を受け止めよう

Check!
- ☐ 認められたい気持ちを止められない
- ☐ 不満をそのまま外に吐き出してしまう
- ☐ 人の不幸を喜んでいる自分がいる

Episode 41　記憶と宗教とディズニーとスタバ

宗教とディズニーとスターバックス

　日本には、神様や仏様を心の底から信仰している人はそう多くありません。「おばあちゃん家に仏壇があるから何となくうちは仏教なのかな」、くらいの認識の人が多いでしょう。

　いろんな事件があったこともあり、「私は神様を信じています」とは 公（おおやけ） に言えない空気が漂っています。

　その一方で、日本人はディズニーランドが大好きです。

　もはや熱狂的と言ってもいいくらい、「ディズニーに来るだけで元気になれる！」という人がたくさんいます。

　あるいは、スターバックスもそうです。「スタバのコーヒー」という１つのブランドができあがっていて、熱狂的なファンを生んでいます。大学生にとっても「スタバでバイト」というのはステータスになるらしく、私（ホッタ）の学生も受かったときは狂喜していました（倍率うん10倍だそうです）。

　宗教と聞くと「へっ……」と斜に構えたり、「怖い」と思ってしまうのに、ディズニーやスタバに対しては無条件で心を開いてしまう、その違いは何でしょうか？

記憶は「知」と「情」でつくられる

　人の記憶は、「知」と「情」からできていると言われています。**「知」**というのは、**目で見たり耳で聞いたりしたこと（≒事実）**。**「情」**というのは、**それに対してどう思うか（≒価値観）**です。人がものごとを記憶するときは事実だけでなく、「情」の部分、つまり「どう思うか？」も一緒についてきます。

　事実をありのままではなく、「個人的な意見」とセットで記憶するのです。

　人は過去の成功体験を捨てられないと言いますが、そうなってしまうのは、成功体験は気持ちがいいからです。

　脳は快楽と結びついて、「いい方向」へ神経回路を発達させるようになっています。

　たとえば「パチンコで大当たり」「ディズニーランドは楽しかった」という記憶が作られると脳にスイッチが入り、「よしまた行こう！」となってしまうのです。

　いわゆるトラウマも同じ原理で、「恋人に浮気をされて悲しかった」という記憶が作られることで、「この話し方は前に浮気された恋人に似ている……また浮気されるかも」と条件反射的に防衛本能が働くようになります。

何でも感情に結びつけてしまう悪いクセ

　よく、日本人はディベートができないと言いますが、ディベートとはある1つのテーマに対して「これはこうあるべきだ」という違った立場から意見をぶつけ合うこ

とです。

「肯定側」と「否定側」に分かれ、「これはこうだと思う、なぜなら〜だから」と事実や証拠を述べるというのが原則ですが、日本人がディベート下手な要因には「意見」に感情を込めすぎるところにあります。

たとえば「君の言っていることは違うと思う（なぜなら、僕は君のことが嫌いだからだ）」と、事実と感情をごちゃまぜにしてしまうのです。

「これってこうじゃない？」と意見されると「意見の否定」＝「自分の否定」＝「怖い」と必要以上に怖れたり、まわりにイエスマンばかり集めてしまったり。人やものが"何となく"嫌だなぁ、嫌いだなぁと思ってしまう心理も根は同じところにあります。

経験値、記憶なんていうのは、かなりあいまいです。

ある理論では、「株の専門家の選んだ銘柄」と「目隠しをしたサルが投げたダーツで選んだ銘柄」のどちらが儲かるか？　というとどちらも変わらなかったそうです。

感情と事実を完全に切り離すのは難しいですが、人の話を聞く耳は知見を広げてくれます。事実を受け止め、議論から逃げず、冷静に考えるクセをつけてみてください。

This episode tells...

You and your opinion are different
事実と感情を切り離せ

Check!

- [ ] 怒られると人格を否定された気になる
- [ ] 自分の偏見に気づいていない
- [ ] 何でも感情的に考えてしまう

42 プーさんとブータン

心が冷めてしまう理由を科学的に説明すると……

「あなたたちとは別に仲良くしようとは思いません」と心が冷めてしまう理由の1つには「**過剰負荷環境**にいるから」ということが挙げられます。

過剰負荷環境というのは、目に入るもの、音、匂いなど、あらゆる「情報」に囲まれている状況のことを言います。

現代の日本はまさに過剰負荷環境ですが、スタンレー・ミルグラムという心理学者は、人が過剰負荷環境にいるときの特徴を次の4つにまとめました。

①短時間処理：他人に伝える情報を最小限におさえる
②情報の排除：重要でない情報を無視する
③責任回避：問題が起きても人のせいにしたり、他力本願で自分から動こうとしない
④他者の利用：問題が起こったときなど、自分ではなく他人を使って連絡を取る

①「短時間処理」とは、人に道を聞かれたときなどには必要最低限の発話で済ます。②「情報の排除」とは、道ですれ違う人など、見知らぬ人には関心を寄せない。③「責任回避」とは、電車で老人や妊婦さんが立っていても知らんぷりをする。④「他者の利用」とは、居酒屋

でオーダーを他人にやらせる……などです。

世界一幸福な国の人が願う幸せとは？

　私（ホッタ）の学生が「○○（学生の出身地）の人は
いい人が多いけど、みんな現状の生活に満足してしまっ
ている。僕はそれが好きじゃない」と言っていました。

　情報の少ない地方では、みんなそれなりに幸せそうな
生活をしている。一方、都会に来てみると服も食べ物も
情報もエンターテイメントも何でもある。それを知って
しまうと、地元の人たちは「何も知らない」ように見え
てしまうのです。

「世界一幸福度の高い国」と言われるブータン王国に行
った人のコラムに、こんなことが書いてありました。

　道行くブータン人に「あなたの幸せの基準は何です
か？」と尋ねたのですが、そのブータン人いわく**「それ
は、あなたが幸せなことですよ」**と答えたそうです。

　まるで禅問答のような話ですが、たとえば『くまのプ
ーさん』に出てくるキャラクターたちはみんな穏やかで
幸せそうに見えます。それは、彼らが「お金」「出世」
「お受験」「ベンツ」「六本木」といった言葉が一切出て
こない世界で生きているからです。情報が少ないからこ
そ、「小さな幸せ」をかみしめることができるのです。

　一方で、人の「不幸だ」という気持ちは自分と誰かを
比べたときに起こります。

　情報の多い環境の中では新しい情報がどんどん入って

きますから、どうしても人と自分とを比べてしまうのです。

目標は高すぎても低すぎてもいけない

今の生活から一切情報の入ってこない世界に移り住んで「小さな幸せを見つけましょう」と言うのは簡単ですが、実際にやるのはとても大変です。

そこで僕（イオタ）が「自分の現状に満足できない」、「幸せだと思えない」という人におすすめしているのは、目標のハードルの位置を変えてみることです。

棒高跳びという競技は、バーを目標にすると跳ぶことができません。バーから20〜30センチ上を見てはじめて跳び超えることができます。空手の板割りも、板自体ではなく、板の先を見るようにしないと上手に割れません。人の生活も同じです。

つまり完璧な理想を描くのではなく、現状の「ちょっと上」、「ちょっと先」を目標にしてみるのです。「ふわふわで形の整った卵焼きをつくる」とか、「いつも1時間かかる書類を45分でつくれるようにする」とか、「居酒屋に行ったら率先して居酒屋の人を呼ぶ」とか、そんなことでいいでしょう。

「カカトをつけた背伸び」とでも言うか、目標は先を見据えつつも、きっちりと足を地につけ、背筋をピッとのばすようなイメージで臨んでみてください。

低すぎるハードルに意味はない
高すぎるハードルは欲の塊である

Check!
- [ ] 何でも人と比べてしまう
- [x] ダイエットはすぐに挫折する
- [ ] 続かない趣味や勉強が多い

43 カツラや整形が気になって仕方ないわけ

自然界に存在するゆらぎ

糸井重里氏が「ほぼ日刊イトイ新聞」の中で、「人のカツラが気になってしまうのは、カツラが完璧すぎるから」だと言っていました。

完璧すぎるというのは、髪の生え際がぴっちりと決まっていて、色も黒々と美しく、毛の硬さなどがどうにも自然のものではない印象がするということです。

我々がテレビなどを見ていて、「あっ、この人カツラだよ」とわかってしまうのは、まさにこの点です。

髪の毛に限った話ではありませんが、自然の世界には**「ゆらぎ」**があります。ゆらぎというのは、**不規則なところ、整っていないところ**ということです。

たとえば人の顔も左右対称ではなく、ちょっとずつゆらぎがあります。

川の流れ、風の音、星の瞬き、美空ひばりさんや宇多田ヒカルさんの歌にもゆらぎがあると言われていますが、人はゆらぎのあるものを美しく感じるものなのです。

完璧につくられたものは「気味が悪い」

『難波土産』という本の中に歌舞伎・浄瑠璃の大家である近松門左衛門の話があります。

「歌舞伎というのは、演技が不自然だ。もっとリアルにすべきだ」とある批評家に言われたのに対して、近松は「その不自然なのがいいんだ」と答えたそうです。

「さる屋敷に奉公する女中が恋人となかなか会えないので、彼と毛穴から何までそっくりの人形をつくらせてみたけど、完成してみるとこれが気味悪くて仕方がない。最終的に女中はその人形を捨て、恋もすっかり冷めてしまったという話がある。それと同じで、芸というのはリアルだからいいわけじゃない。実と虚との間にあるものなんだ」。

そんなことが1738年にもう書かれているのです。

「整形」「やらせ」などもよくやり玉に挙がりますが、日本人というのは完璧につくられたものではなく自然に存在するもの（＝ゆらぎのあるもの）が好きな傾向があるのです。

何で「何でやねん」やねん

言語学には「過剰矯正」という考え方があります。

たとえば関東の人がマネをする関西弁には「～でんがな」「～まんがな」「～まんねん」などがありますが、関西人がこうした言葉を使うことはほぼありません。

使うとしてもテレビに出ている芸人さんくらいのもので、実際にはかなり不自然に聞こえてしまいます。

「何でやねん！」も同じで、"より関西弁らしく"するために何にでも「何でやねん！」と言ってしまうと、中

にはバカにされた気がして怒ってしまう人もいるでしょう。

　これは言葉だけの話ではありません。自然さ、完璧さを出そうとするとかえって逆効果になることがあります。

　たとえば就職活動中の学生も、面接のときに完璧を期そうとして「御社のび、び、御社のビジョ…………ええ、すみません、やり直しさせてください」とパニクってしまいがちです。

　しかし、面接官が見たいのは「必死に覚えてきた模範解答」ではありません。

　忘れてしまったのならもう開き直って「考えてきたことを緊張のあまり忘れてしまったので、今の正直な気持ちを言いますと……」と答えた方が印象はずっとよくなるでしょう。

「自分にとって完璧であること」と「相手にとって完璧であること」は違うのですが、「完璧に」というところに意識が向くと、なかなかそこに気づけなくなってしまいます。

　もちろん、「だからカツラがダメだ」「整形はしなくていい」と言うのではなく、**「ゆらぎ」があった方が好まれるということ**です。

「最近、髪薄いんだけどまいっちゃうよね〜」くらい気軽に言っている人に何となく好感を抱いてしまいますが、やっぱり、人は「隙（スキ）」が好きなのです。

This episode tells...

最近髪薄くて
まいっちゃう
よねー

ゆらぎは愛嬌（あいきょう）だ
弱みを見せられる強さを

Check!

- [ ] 恥をかきたくないという気持ちが強い
- [x] 「一番」「パーフェクト」に執着しがち
- [ ] いざというときに機転がきかない

Episode
44 嫌悪感の正体
けん お かん

ぶりっ子と同族嫌悪

　自分と似た人（趣味嗜好、仕事、性格、容姿など）に
し こう
コンプレックスを感じ、「なんか嫌だなぁ……」と思っ
てしまう。こういう心の働きは「同族嫌悪」と呼ばれて
いますが、感じたことはあるでしょうか？

　たとえば、いわゆるぶりっ子と呼ばれるような女性は、
同じくぶりっ子と呼ばれるような女性が苦手だと言う人
が多いそうです（本人はお互い似ていることに気づいて
いない場合が多いのですが……）。

　また一方で、「自分は遅刻をする割に、他人の遅刻を
よく指摘する」「自分もドタキャンが多い割に、他人の
ドタキャンは許さない」といった人も中にはいるのです
が、そんなところにも同族嫌悪は見受けられます。

同族嫌悪は自己嫌悪、自己嫌悪は自己陶酔

　ではなぜそうなってしまうかと言うと、同族嫌悪とは、
一説には「自分自身の嫌いな部分を相手が見せることに
よって生じる感情」とされています。

　つまり、自分自身の嫌いなところを相手に重ねてしま
うからこそ起きる嫌悪感。

　言い換えれば、自己嫌悪なのです。

　自己嫌悪というのはある意味では中二病に似ていて、やはり「自我」が強すぎるのが原因になっています。

　ここでの自我とは、具体的に言えば「自分に自信がない（コンプレックスが強い）」「完璧主義（理想主義）」「ナルシスト」といった、言い方を変えれば"強すぎる向上心"のことです。

　ほどほどだったらいいのですが、これが強すぎるのはやはり問題になってきます。

　たとえば「ああ、今日やろうと思ってた仕事を残してまた飲んでしまった……そして終電を寝過ごして結局タクシーを使って帰ってしまった……なんて自分はダメなやつなんだ……ああ……俺はダメなやつだ、ダメなやつだ、何てダメなやつだ……死んだ方がいいかもしれない……」。

　と、そんなことを言いながらまた同じことを繰り返してしまうのは、目線が内へ内へと向かい、本当に自分が集中すべきことが見えていないからです。

　厳しい言い方をすれば、**自分の都合しか見えていない。だから、結局同じことを繰り返してしまいます。**

　強い自己嫌悪というのは自己陶酔と同義なのです。

「あなたにしかできないこと」を探さない

　では、どうすれば同族嫌悪や自己嫌悪をなくすことができるでしょうか？

　嫌悪感というのは、「自分は、本当はこれだけできる

はずだ」という理想と現実とのギャップに納得できない
から生まれるものです。

　だから、まずは理想のハードルを少し下げてみます。
自分の人生をあきらめて冷めた人間になる、のではなく、
高すぎるハードルをちょっと下げてみるのです。

　たとえば、最初から「自分にしかできないこと」を探
す必要はなくて、「自分にもできること」を探すことの
方がよっぽど大切です。

「自分には仕事で結果を出すしか能がない」のではなく、
「意外と恋愛もいけるんだ」「洗濯も意外とうまいじゃ
ん」という別の方向で自信をつけてみるのです。

　心理学では**「般化」**と言うのですが、最初からベスト
を目指さず、どこかで得たポジティブな気持ちを他の行
動にどんどん応用させていきます。

　サッカーやバスケをしているとき、たとえ大差で負け
ていても、「まず1本」の気持ちを持つことです。

　卑屈にならず、他人を攻撃したりせず、現実の自分を
認めて、ハードルを少しずつ高くしてみてください。

　誰かに褒められる、認められるではなく、自分で自分
を褒めまくることが大切です。すると、その姿勢にまわ
りの人も「すごいなぁ」と共感するようになります。

行きたくない飲み会や立食会に
元気よく出かける方法

パーティーが好きな人はそうそういない

「人見知り」については Episode24 でもお伝えしました
が、人見知りの人にとってつらいのは、知らない人ばか
りの飲み会や、異業種交流会やパーティーといった立食
会でしょう。

　しかしそもそもの話、知らない人ばかりの飲み会や異
業種交流会が「大好きだ」という人が果たしてどれだけ
いるでしょうか？　「大得意だ」と言える人がいるでし
ょうか？

　そもそも、そもそも。人見知りの人は、本当に人見知
りなのでしょうか？

　人はつい、「私って人見知りなタイプ」「僕って人見知
りなんで」と言ってしまいがちですが、そう言う人も決
して楽しく話せないわけではありません。

　むしろ、仲のいい友達と一緒にいれば「よくしゃべ
る」人が多いもの。**誰でも、話しやすい人とは結構話せ
るのです。**

　私（ホッタ）は「僕は人にハッキリ言えない性格なん
です」という学生がいると、「でもお前、家族に対して
は厳しかったりしないの？」とツッコんでみます。

　友達に対しては言えなくても、家族に対してなら言え

る。つまりそれは、根本的な欠陥や性格の問題ではない
のです。

ニンジン嫌いなタイプなんで……

　人が「〜ができないタイプ」「〜が苦手な性格」と言
ってしまうのは、「セルフハンディキャッピング」（自分
にわざと制約を課してしまうこと）です。

　本当は「ニンジン嫌いなタイプなんで」というタイプ
なんて存在しないのですが、「やらない」口実として
「そういう性格なので……」と自分をカテゴリー化して
しまいます。

　ところがおもしろいもので、人間というのは、やれば
やるようになります。

　私（ホッタ）の教え子たちも、「飲みの席には這って
でも行け」と伝えるうちに本当に出席率が上がってきて、
最終的には出席率がよすぎて学生にごちそうしすぎて私
が（財政的に）困ってしまうくらいです。

　ですから大事なのは、「とりま（とりあえずまぁ）」
「いったん」やってみるということです。

　何も空気を読んでおもしろい話をする必要はなくて、
ただ話を聞きに行くだけでもいい、飲んでるだけでもい
い。

　その中で、「意外と楽しめるじゃん」と、新たな自分
を見つけていけばいいと思うのです。

「完璧は実行の敵」です。

やらない理由を頭で考えることはやめ、代わりに「やってみたらどうだろうなぁ」と楽しんでみましょう。

それでも気乗りしないときは

それでも行く気が起きないというときは、目的や名目をつけてしまうことです。

たとえば合コンに誘われたとして、「合コンに行く」＝「邪な欲望にまみれた男女が集う場所」、「軽快なジョークと軽いノリで過ごす場所」だと思うから行けなくなります。

そうではなく、「変な人に会いに行く」、「話のネタを盗みに行く」、「社会勉強」といった別の目的をつけてみるのです。

「情報交換会」、「ワイン会」、「誰々に誘われたから仕方なく」、「おしゃれしたいから」でも何でもいいでしょう。自分なりの理由や言い訳をつくり、変なプレッシャーを抱えないようにしてみてください。

たとえば合コンの自己紹介にしたって、「ヤバい……最後だからおもしろいことを言わなければ」というわけではなく、「グダグダ言うのも何なんで、飲んじゃいましょう、かんぱーい」と済ませることだってできます。

「飲み会行かない人なんで」よりも、「飲み会行っちゃうタイプなんで」と言ってしまいましょう。

人に会う、たくさんの人に接する、そうして「自分はより人生を楽しんでいる」と実感することが大切です。

This episode tells...

人見知りなもので…

No more
「人見知りな性格なんで……」

Check!

- ☐ 「〜なタイプ」を演じてしまう
- ☐ 行かない名目を探してしまう
- ☐ 余計なプレッシャーをかけていないか

46 「感動」と「カンドー」論争

「おじさん」対「最近の若者」

　Episode 06 でフィクションは感情を豊かにすると言いましたが、ここ 10 年くらい「感動」という言葉がよく使われるようになってきました。

　その中で言われているのが「最近、若者の『感動』のレベルが低くなっていないか？」という指摘です。

　『ワンピース』を読んで「ヤベー、カンドーした！」「超泣いた！」と言うのと、オーケストラの生演奏を聴いて鳥肌が立ち、席から立てなくなるような「声も出ない感動」、どちらがより深いのか？

　本来、感動というのは後者のような体験を指すのであって、最近の映画や漫画にありがちな「ここは泣きどころだぞ」というわかりやすい演出から生まれる「カンドー」は薄っぺらすぎないか？　と、そんな話です。

　ところが、自分の好きなものを「薄っぺらい」と言われて喜ぶ人はいませんから、当の若者たちは「ウゼー」「意味わかんねー」と耳を貸すこともなく、ただお互いの溝が深まってしまいます。

「感動」と「共感」の違い

　しかし、そもそもの話をすると、『ワンピース』から

受ける「カンドー」とオーケストラの「感動」とでは、脳の働く部分が違うので、「どっちが深いのか？」と単純に比べることはできません。

たとえば『ワンピース』でカンドーするときというのは、誰かしらのキャラクターが泣いているところが多いと思いますが、これは脳の中の**「ミラーニューロン」**という神経細胞が働いているからです。

ミラーニューロンは「他人の動作や感情をマネする」という働きがあり、これがあるために、人は「共感」、「感情移入」ができます。

作品の中のキャラクターが楽しそうであれば、楽しくなり、涙を流していればもらい泣きをする。そうして、目の前の人の気持ちに共感してしまうのです。

一方、オーケストラで感じる「感動」というのは、脳のうち**「大脳新皮質」**という場所が働いています。

大脳新皮質は**感情と深く関わっている部位**で、オーケストラを生で観たときに体が震えてくるのは、その音や視覚から得た情報を、記憶、経験、知識、あらゆる情報と結びつけて感じとっているからです。

たとえばおじいちゃんが孫の小学校の運動会を見て涙するのは、「あんなに小さかったこの子が……」という記憶、それまで積み重ねてきた時間が影響しています。

つまり「カンドー」は比較的シンプルに感情移入（＝共感）することですが、「感動」とは、その人の知識や記憶を総動員して感じる力（＝感性）などが大きく関わ

っているのです。

　本当は優劣の問題ではなく機能の違いなのですが、そんなことはまったく考慮せず、人は自分の価値観を人に押しつけようとします。そして、自分の価値観を認めない、わからない人を攻撃しがち、という困った生き物なのです。

結局、自分のことを認めてほしい

　結局のところ、カンドーにしても感動にしても、「自分の言いたいこと、感じていることを他の人にもわかってほしい」。

　ただそれだけのことなのですが、なぜこれほどまでに難しいのでしょうか？

　オジー・オズボーンというヘヴィメタル界の重鎮がいます。私（ホッタ）のゼミ生に、そのオジー・オズボーンが好きでたまらない子がいたのですが、これがすごい熱の入りようです。

「シューさん、オジー、ヤバいっすよ、オジー！」と、知らない人には何のこっちゃわからないと思うのですが、お構いなしにすすめてくる学生です。

　こんなふうに自分が好きなもの、感動（共感）したものを人と共有したくなるのはなぜかと言うと、「自分の好きなもの、自分のしていることを認めてもらうこと」＝「自分が認められること」と置き換えているからです。

　・自分が好きな人のことは、他の人（友人や家族な
　　ど）にもよく思ってほしい。
　・自分の趣味や好きなお店のことを評価してほしい。
　・自分の仕事を認めてほしい。

　などなどあるのですが、そのときに「本当だね〜」と
承認されればいいのですが、「そうは思わない」と否定
されたり「よくわかんない」と言われたりすると、「コ
イツはわからないやつだな」と冷めてしまうのです。
　その結果として、「『ワンピース』は感動ではなくカン
ドーだよ。浅いよ、君たち〜」「いや、『ワンピース』は
最高だよ。クラシックなんて時代遅れで退屈ですよ、オ
ジサン」などの論争がはじまってしまいます。
　意見をぶつけ合うのはいいのですが、そこに感情が混
じってしまうと攻撃的になり、収拾がつかなくなるので
す。

自分側の言葉ではなく相手側の言葉を

　ではどうすればそんな批判合戦にならずに済むでしょ
うか？
　それは、もっと正しく言葉を使うということです。
　他人に自分のことをよくわかってもらうには、どうし
ても言葉を交わすしかありません。
　そのときに、相手にわかる言葉できちんと説明できる
かどうか、が大切です。

　たとえば、クラシックを聴いたことのない若者にすすめるとき、「クラシックっていうのは本物なんだよ。本もそうだけど、古典っていうのは本物ということなんだよ」では、まず興味を持ってもらえません。
「俺も昔はクラシックって全然わかんなかったんだけどさ、好きなバンドの曲聴いてると歌じゃなくて、ドラムとかベースがやけに気になってくることあるじゃない？あれに似てるんだよね。聴いてるうちに『このヴァイオリンのメロディーいいなぁ』とか」。

　なんていうふうに説明をすれば、受け止め方も変わります。

　自分の価値観を認めてほしいのであれば、人の価値観も認めてあげなければなりません。

　10代20代のうちはフレッシュなので「感動」するための知識や経験がどうしても少ないものですし、年齢を経るとどうしても「共感」する能力が落ちてきてしまいます（言い換えれば目が肥えてくるのです）。

　互いを批判するのではなく、「なるほど、この人はこういう考え方をするんだな」と受け止め、そのうえでどんな言葉なら相手に届くかを考えてみてください。

　そうして歩み寄って生まれた会話ややり取りから、自分にはない考え方が吸収でき、人として一段成長していくことができます。

伝わらないなら言葉を
わかってほしいなら態度を変えろ

Check!

☐ わかってほしいのに態度を変えない

☑ というか、説得をあきらめている

☐ そのためつい批評家になってしまう

47 「自分」という怪物の飼い慣らし方

歳<ruby>とし</ruby>をとると心は冷めていく

　病院に行って、こんな経験をしたことはないでしょうか？

　患者：「なんだかめまいがして、寒気がひどくって、微熱が続いてるんです……何かいつもの風邪と違うんで変な病気にかかってないか心配なんですけど……」

　お医者さん：「ただの風邪ですね。お薬出しておきますんで、しばらく様子を見てみてください。はい、お大事に〜」

　こういう「話を聞いてくれない」お医者さんがたまにいます。たとえ風邪だったとしても、お医者さんにもいろんな都合があるにしても、2〜3分でも話を聞いてもらって不安を解消したい……というのが患者の気持ちですが、なかなかそうはいかないこともあります。

　お医者さんだけでなく、会社の上司や得意先、近所や身のまわりにも、似たような人がいると思います。

　人は経験を積むと、新しいことに興味がなくなり、「自分が言うのだから間違いない」と、人の話に耳を貸すことができなくなってしまうものです。

　年齢を重ねることで知らず知らずのうちに心が冷めていき、自分のモノサシ以外で世界を見ることができなく

なる。それがいわゆる「おじさん」「おばさん」になる
ということです。

　すると、まわりにいる人も「この人は話を聞かないんだな、何を言ってもムダなんだ」と思うようになり、心が冷めていってしまいます。

話に一貫性のなかったお釈迦様

　仏教の開祖であるお釈迦様は、いろんな人に会うたびに話すことが違ったそうです。

　というのも、お釈迦様の目的はあくまでも「出会った人を“悟りの境地”に導くこと」だったので、話の一貫性にはまったくこだわりませんでした。

　たとえば子どもを亡くした母親が、その子が死んでいることを認められず、「この子は病気なんです。どうしたら治りますか？」とお釈迦様に尋ねたときのこと。

　そのときお釈迦様は、「よろしい。では、町で“身内が1人も死んだことのない家”を見つけて、その家のケシの実をもらってきてください」と伝えます。

　母親は何軒もまわりますが、そんな家はどこにもなく、人間の誰もが身近な人の死を経験していたことを知ります。

　実は母親自身、「子どもは死んでしまった」ことには気づいていました。しかし、どうしても認めることができなかった。

　最終的に彼女は、その理由に気づきます。

「そうか、自分はただまわりの哀れみが欲しかっただけなんだ」と悟って、お釈迦様に弟子入りしました。

　お釈迦様は人の立場に立って、何が一番その人のためになるかを考えて言葉を変えていたのでした。

本当に敵は外にいるのか？

　「心が冷める」というのは結局、「自分」に執着しすぎた結果起きてしまう一種の現代病です。

　プライド、偏見、傲慢、虚栄心、自尊心、人を支配したくなる気持ち、攻撃したくなる気持ち、嫌われたくない、バカにされたくない、本当の自分、ここは自分がいるべき場所じゃない……、これらがブクブクとふくらんで怪物のように成長していき、人間関係の邪魔をします。

　我々も聖人ではないですから、「すべての人類と分け隔てなく接しよう」などとは言いませんが、しかし、少なくとも今身のまわりにいる人たち、これから自分が出会う人たちとはうまく付き合えないでしょうか？

　そうすることで、何よりも自分自身が生きやすくなります。

　そのために大事なのはまず、「あ〜、この人と距離を取ろうとしてるな」「心冷めてきてるな」と自覚すること。次に見て見ぬふりをせず、「じゃあ、どうしたらいいんだろう？」と問題意識を持って少しでも行動に移してみることです。

　敵は相手ではなく、自分の中にいるものなのです。

This episode tells...

敵は相手ではない
自分の心の中にいるのである

Check!

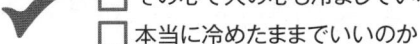

- [ ] 自分の心と戦うことを忘れていないか
- [ ] その心で人の心も冷ましていないか
- [ ] 本当に冷めたままでいいのか

おわりに

　我々２人がこの本を書くことになったきっかけは、「たまたま」でした。

　2010年某月某日、とある集会でたまたま出会い、たまたま「ことば好き」ということで意気投合し、"この２人だからできる何か"（中二病で恐縮ですが……）を追い求め、試行錯誤と熱い議論を繰り返し、たくさんの人の協力によってつくられたのが、この『特定の人としかうまく付き合えないのは、結局、あなたの心が冷めているからだ』（略して「ここさめ」）です。

　この本で一番言いたかったことは、結局、人は１人では生きていけない。だからこそ、自分以外の人を大切にしてほしい。それは、結果的に自分を助けることになる。ということです。

　性格や能力というのは、自分１人で身につけられるものではありません。必ず、まわりの人とのつながりの中で生まれ、つくられていくものです。

　我々自身、本をつくる過程でさまざまな人の意見を聞き、「ああでもないこうでもない」と話し合いながら、「そうか、こんな考え方もあったのか！」と気づきながら、何度も方向転換をしながら、それを楽しみながら、あらためて「なんか、人と関わるっていいもんだなぁ」と思うようになりました。

　しかしその思いも、最初の「たまたま」の出会いがな

ければ、その出会いを活かそうと思わなければ、生まれ
ることはなかったかもしれません。

　月並みな言い方になってしまいますが、だからこそ、
若い人たちには人と関わり合うことを大切にしてほしい。

　そして彼らの先輩である大人たち（我々2人を含む）
には、そういう若者たちの見本になってほしい（なりた
い）。

　そうすれば、どことなく殺伐とした空気が漂うこの日
本が、そしてゆくゆくは世界全体が温かくなっていくの
では？

　きれいごとかもしれませんが、少しでもそんなふうに
世の中を変える手伝いをしたい、というのが我々2人の
願いです。

　最後になりますが、「たまたま」この本に出会い、こ
こまで読んでくださったあなたの心が、ほんの少しでも
温まったなら本当に嬉しく思います。そしてその温かな
心で、あなたの身のまわりの人の心も温めようとしてい
ただけたら、こんなに幸せなことはありません！

　この本に関わってくれたすべての人、そしてあなたに、
心からの感謝を込めて。

五百田達成　堀田秀吾

文庫版あとがき　ここあつな男

　堀田さんの話をしようと思う。

　堀田さんはとにかく「ここあつ（心が熱い）」な人だ。食べるのも飲むのも大好きで、人見知りをせず、毎日のように様々な人と出会いを楽しんでいる。後輩や学生に対してはとことん面倒見がいいし、知人友人には義理人情を欠かさない。

　会う人会う人片っ端から友達になっていく様は、傍から見ていると、少々危なっかしくてヒヤヒヤするほどだ。

　しかし「おわりに」に書いたように、堀田さんのその強烈な「出会い力」があったから、僕とのタッグが生まれ、この本が生まれたのだと思うと、どうにも頭が上がらない。

　単行本刊行時には、実にたくさんのスタッフ・学生が制作・プロモーションに関わってくださり、まるでお祭りのようにみんなで盛り上がった。そろいのTシャツで街を練り歩いたり、うちわを配って回ったり。あの夏の記憶は今でも色あせない。

　もちろん今回の文庫化にあたってもたくさんの方にお世話になった。そうやって約4年分蓄積された出会いのエネルギーのようなものが、今回手にとってくださった読者の方に伝われば、と心から願う。

2016 年 9 月　五百田 達成

文庫版あとがき　うまくいった「相補性」

　もう５年以上も前になる。共同研究をしている心理学者に、中高大を通じての友人として紹介されたのが五百田さんだった。珍しい肩書き。ハイセンスなことばのチョイス。豊富な話題と鋭い洞察力。あきらかに「有標」で圧倒的な存在感を醸し出す五百田さんに魅せられ、「一緒に本を書きませんか？」と私の方からお声がけした。

　私と五百田さんの関係は「相違性」ではなく、ちょうど本書に出てくるように、「相補性」だと改めて思う。暴走機関車のような私とそれを上手にコントロールして話を進めてくれる五百田さん。人間観察エピソードを五百田さんが出し、それに私が学術的裏付けをする。そんな二人が、最高の本を出したいという、同じ「志」のもとに、あい補う形でうまく機能した。

　このタッグに、才能と技巧と情熱を持ち合わせた若き編集者、共感してくれた「ここあた（心温かい）」な若者たちの力を得て、想像以上の良本と結果が生まれた。彼らと素敵な夢が見られた。そして、この度、新潮社の方々の協力を得て、文庫化という形でこの本は新たな息を吹き込まれる。今度はどんな夢を見させてくれるのか、本当に楽しみである。

2016 年 9 月　堀田 秀吾

〈参考文献〉

シーナ・アイエンガー（著），櫻井　祐子（訳）『選択の科学』文藝春秋 2010.

Aronson, E. & Carlsmith, J. M.（1963）. Effects of severity of threat in the devaluation of forbidden behavior. *Journal of Abnormal and Social Psychology*, 66, 584-588.

Aronson, E. & Linder, D.（1965）. Gain and loss of esteem as determinants of interpersonal attractiveness. *Journal of Experimental Social Psychology*, 1, 156-171.

Asch, S. E.（1946）. Forming impressions of personality. *Journal of Abnormal and Social Psychology*, 41, 258-290.

Austin, J. L.（1962）. *How to Do Things with Words*. Cambridge: Harvard University Press.

東照二『社会言語学入門―生きた言葉のおもしろさにせまる』研究社出版 1997.

Brown, P. & Levinson, S. C.（1987）. *Politeness: Some Universals in Language Usage*. Cambridge: Cambridge University Press.

Darley, J. M. & Latané, B.（1969）. Bystander "apathy." *American Scientist*, 57, 244-268.

de Lemus, S., Spears, R. & Moya, M.（2012）. The power of a smile to move you: Complementary submissiveness in women's posture as a function of gender salience and facial expression. *Personality and Social Psychology Bulletin*, 38, 1480-1494.

古市憲寿『絶望の国の幸福な若者たち』講談社 2011.

伏見つかさ『俺の妹がこんなに可愛いわけがない』電撃文庫 2008

Grice, H. P.（1975）. Logic and Conversation. In P. Cole & J. L. Morgan, eds., *Syntax and Semantics, 3, Speech Acts*, 41-58,

New York: Academic Press.

Hall, E.（1976）. *Beyond culture.* New York: Doubleday.

Haney, C., Banks, C., and Zimbardo, P.（1973）. Interpersonal Dynamics in a Simulated Prison. *International Journal of Criminology and Penology,* 1, 69-97.

Harris, R. J.（1973）. Answering questions containing marked and unmarked adjectives and adverbs. *Journal of Experimental Psychology.* 97, 399-401.

堀田秀吾『裁判とことばのチカラ ― ことばでめぐる裁判員裁判』ひつじ書房 2009.

池谷裕二『脳には妙なクセがある』扶桑社 2012.

今井芳昭『依頼と説得の心理学―人は他者にどう影響を与えるか』サイエンス社 2006.

今井芳昭『影響力―その効果と威力』光文社新書 2010.

井上雄彦『SLAM DUNK』集英社

Janis, Irving L.（1972）. *Victims of Groupthink.* New York: Houghton Mifflin.

Jones, E. E.& Berglas, S.（1978）. Control of attributions about the self through self-handicapping strategies: The appeal of alcohol and the role of underachievement. *Personality and Social Psychology Bulletin.* 4, 200-206.

Jourard, S. M.（1959）. Self-disclosure and other-cathexis. *Journal of Abnormal and Social Psychology,* 59, 428-431.

影山太郎『ケジメのない日本語』岩波書店 2002.

金谷武洋『日本語文法の謎を解く―「ある」日本語と「する」英語』ちくま新書 2003.

金谷武洋『英語にも主語はなかった』講談社選書メチエ 2004.

上大岡トメ・池谷 裕二『のうだま―やる気の秘密』幻冬舎 2008.

Keller, T. A. and Just M. A. (2009). Altering cortical connectivity: Remediation-induced changes in the white matter of poor readers. *Neuron*, 64, 624-31.

Kerckhoff, A. C. & Davis, K. E. (1962). Value consensus and need complementarity in mate selection. *American Sociological Review*, 27, 295-303

金水敏『ヴァーチャル日本語 役割語の謎』岩波書店 2003

小林隆「方言機能論への誘い」小林隆（編）『方言の機能』岩波書店 2007.

小池龍之介『平常心のレッスン』朝日新書 2011.

黒石晋「閉鎖系の平衡から開放系の過程へ，そしてリゾームへ」『複雑系を考える―自己組織性とはなにかⅡ―』第6章，ミネルヴァ書房 2001，217-242.

Langacker, R. W. (1999). *Grammar and Conceptualization*. Berlin/New York: Walter de Gruyter.

Loftus, E. F. & J. C. Palmer (1974). Reconstruction of automobile destruction: An example of the interaction between language and memory. *Journal of Verbal Learning and Verbal Behavior*, 13, 585-589.

Loftus, E. F. (1975). Leading questions and the eyewitness report. *Cognitive Psychology*, 7, 560-72.

Loftus, E. F. & G. Zanni (1975). Eyewitness testimony: The influence of the wording of a question. *Bulletin of the Psychonomic Society*, 5, 86-88.

Merton, R. K. (1957). *Social Theory and Social Structure*. New York: Free Press.

Milgram S. (1970). The Experience of Living in Cities. *Science*. 167, 1461-1468.

森田良行『日本人の発想，日本語の表現―「私」の立場がことばを決める』中公新書 1998.

Mudock, B. B., Jr. (1962). The serial position effect of free recall. *Journal of Experimental Psychology*, 64, 482-488.

Mueller, C. M. & Dweck, C. S. (1998). Praise for intelligence can undermine motivation and performance. *Journal of Personality and Social Psychology*, 75, 33-52.

西平直喜『青年の世界 3 友情・恋愛の探求』大日本図書 1981.

O'Barr, W. (1982 [1996]). *Linguistic Evidence: Language, Power and Strategy in the Courtroom*. New York: Academic Press.

尾田栄一郎『ONE PIECE』集英社

岡田憲治『言葉が足りないとサルになる―現代ニッポンと言語力』亜紀書房 2010.

岡本浩一『社会心理学ショート・ショート 実験で解く心の謎』新曜社 1986.

岡本真一郎『言語の社会心理学 ― 伝えたいことは伝わるのか』中公新書 2013.

大野久「愛の本質的特徴とその対極」立教大学『教職研究』11 号 1-10. 2001.

Plassmann, H., O'Doherty, J., Shiv, B., & Rangel, A. (2008). Marketing actions can modulate neural representations of experienced pleasantness. *Proceedings of the National Academy of Sciences*, 105 (3), 1050-1054.

Romaine, S. (1994). *Language in Society: An Introduction to Sociolinguistics*. Oxford: Oxford University Press.

Ryan, R. M. & Deci, E. L. (2000). Intrinsic and extrinsic motivations: Classic definitions and new directions. *Contemporary Educational Psychology*, 25 (1), Jan 2000, 54-67.

榊博文『説得と影響―交渉のための社会心理学』ブレーン出

　　版. 2002.

サトウタツヤ・渡邊 芳之『「モード性格」論―心理学のかし
　　こい使い方』紀伊國屋書店 2005.

サトウタツヤ『方法としての心理学史―心理学を語り直す』
　　新曜社 2011.

サトウタツヤ・渡邊 芳之『あなたはなぜ変われないのか―
　　性格は「モード」で変わる　心理学のかしこい使い方』
　　ちくま文庫 2011.

サトウタツヤ・渡邊芳之『心理学・入門―心理学はこんなに
　　面白い』有斐閣アルマ 2011.

渋谷昌三『面白いほどよくわかる心理学の本』西東社 2009.

田中ゆかり『「方言コスプレ」の時代―ニセ関西弁から龍馬
　　語まで』岩波書店 2011.

Tannen, D. (1990). *You Just Don't Understand: Women and Men in Conversation*. New York: Ballantine Books.

Thomas, K.W. (1992). Conflict and negotiation processes in organizations. In M.D. Dunnette & L.M. Hough (eds.), *Handbook of industrial and organizational psychology*, 651-717. 2nd ed. Chicago : Rand McNally.

内田樹『ひとりでは生きられないのも芸のうち』文春文庫
　　2011.

Wardhaugh, R. (2006). *An Introduction to Sociolinguistics*, (5th ed.), Cambridge: Blackwell.

Wason, P. C. (1966). Reasoning. In B. Foss (Ed.), *New Horizons in Psychology*, 135-151. Harmondsworth: Penguin Books.

Whorf, B.L. and Carroll, J. B. (eds.), (1956). *Language, Thought, and Reality: Selected Writings of Benjamin Lee Whorf*, Cambridge: MIT Press.

Winch, R. F., Ktsanes. T. & Ktsanes, V. (1955). Empirical

elaboration of the theory of complementary needs in mate-selection. *Journal of Abnormal and Social Psychology*, 51（3）, 508-513.

山梨正明『認知言語学原理』くろしお出版 2000.

やましたひでこ『こころに効く「断捨離」』角川ＳＳＣ新書 2012.

飲茶『史上最強の哲学入門 東洋の鉄人たち』マガジン・マガジン 2012.

Zajonc, R. B.（1968）. Attitudinal effects of mere exposure. *Journal of Personality and Social Psychology*, 9（2, Pt.2）, 1-27.

Zipf, G. K.（1949）. *Human Behavior and the Principle of Least Effort*. Cambridge, MA: Addison-Wesley Press.

〈インターネット・リソース〉

独立行政法人 理化学研究所 脳科学総合研究センター「将棋棋士の直観の脳科学的研究ホームページ」<http://www. brain. riken. jp/shogi-project/project/relation. html>

この作品は2012年 6 月クロスメディア・
パブリッシングより刊行された。

新潮文庫最新刊

村上春樹 著　職業としての小説家

小説家とはどんな人間なのか……デビュー時の逸話や文学賞の話、長編小説の書き方まで村上春樹が自らを語り尽くした稀有な一冊！

宮本　輝 著　満月の道
流転の海 第七部

昭和三十六年秋、熊吾の中古車販売店経営は順調だった。しかし、森井博美が現れた。やがて松坂一家の運命は大きく旋回し始める。

瀬戸内寂聴 著　爛

この躰は、いつまで「女」がうずくのか──。八十歳を目前に親友が自殺した。人形作家の眸は、愛欲に生きた彼女の人生を振り返る。

窪　美澄 著　よるのふくらみ

幼なじみの兄弟に愛される一人の女、もどかしい三角関係の行方は──。熱を孕んだ身体と断ち切れない想いが溶け合う究極の恋愛小説。

花房観音 著　花びらめくり

一片、また一篇。めくるたび、艶やかに欲情が溢れ出す──。団鬼六賞受賞作家が「名作」に感応し紡いだ、五つの官能ものがたり。

田中兆子 著　甘いお菓子は食べません

頼む、僕はもうセックスしたくないんだ。仲の良い夫に突然告げられた武子。中途半端な〈40代〉をもがきながら生きる、鮮烈な六編。

新潮文庫最新刊

北原亞以子著　雨の底　慶次郎縁側日記

恋に破れた貧乏娘に迫る男。許されぬ過去に苦しむ女たち。汚れた思惑の陰で涙を流す人々に元同心「仏の慶次郎」は今日も寄り添う。

西條奈加著　鱗や繁盛記　上野池之端

「鱗や」は料理茶屋とは名ばかりの三流店。名店と呼ばれた昔を取り戻すため、お末の奮闘が始まる。美味絶佳の人情時代小説。

志川節子著　ご縁の糸　芽吹長屋仕合せ帖

大店の妻の座を追われた三十路の女が独り長屋で暮らし始めて――。事情を抱えて生きる人びとの悲しみと喜びを描く時代小説。

鳴海風著　和算の侍　歴史文学賞・日本数学会出版賞受賞

円周率解明に人生を賭けた建部賢弘、大酒飲みの奇才久留島義太など江戸の天才数学者の人間ドラマを描く、和算時代小説の傑作！

江戸川乱歩著　怪人二十面相　——私立探偵　明智小五郎——

時を同じくして生まれた二人の天才、稀代の探偵・明智小五郎と大怪盗「怪人二十面相」。劇的トリックの空中戦、ここに始まる！

瀬川コウ著　謎好き乙女と明かされる真実

明かされる早伊原樹里の過去。交錯する謎。春一との関係の終着点は……？　彼女と僕が織りなす切なくほろ苦い青春ミステリ、完結。

新　潮　文　庫　最　新　刊

最相葉月 著

セラピスト

心の病はどのように治るのか。河合隼雄と中井久夫、二つの巨星を見つめ、治療のあり方に迫る。現代人必読の傑作ドキュメンタリー。

五百田達成 著
堀田秀吾 著

特定の人としかうまく付き合えないのは、結局、あなたの心が冷えているからだ

人への接し方やものの見方、日々の行動をすこし変えるだけで、あなたの悩みのタネである「人間関係」を円滑にすることができます！

大崎善生 編

棋士という人生
——傑作将棋アンソロジー——

彼らの人生は、一手で変わる——将棋指しという職業の哀歓、将棋という遊戯の深遠さを鮮明に写し出す名エッセイ二十六篇を精選！

玉木正之 編

9回裏2死満塁
——素晴らしき日本野球——

球場には人生のすべてがある！　子規・漱石からON、松井、イチローまで、日本人の野球愛を詰め込んだ傑作野球アンソロジー。

中勘助 著

銀　の　匙

古い茶箪笥の抽匣から見つかった銀の匙。それを手がかりに、伯母の愛情に包まれた幼い日々から青年期までを回想する自伝的作品。

企画・デザイン
大貫卓也

マイブック
——2017年の記録——

これは日付と曜日が入っているだけの真っ白い本。著者は「あなた」。2017年の出来事を毎日刻み、特別な一冊を作りませんか？

特定の人としかうまく付き合えないのは、結局、あなたの心が冷めているからだ

新潮文庫　　　　　　　　　　　　　　　い-126-1

平成二十八年十月　一日　発　行

著　　者　　五百田達成

発　行　者　　佐藤隆信

発　行　所　　会社株式　新潮社
　　　　　　　郵便番号　一六二―八七一一
　　　　　　　東京都新宿区矢来町七一
　　　　　　　電話　編集部(〇三)三二六六―五四四〇
　　　　　　　　　　読者係(〇三)三二六六―五一一一
　　　　　　　http://www.shinchosha.co.jp
　　　　　　　価格はカバーに表示してあります。

乱丁・落丁本は、ご面倒ですが小社読者係宛ご送付
ください。送料小社負担にてお取替えいたします。

印刷・錦明印刷株式会社　　製本・錦明印刷株式会社
© Tatsunari Iota, Syugo Hotta　2012　Printed in Japan

ISBN978-4-10-120451-2　C0111